Félix Lope de Vega y Carpio

La buena guarda

Barcelona **2024**
Linkgua-ediciones.com

Créditos

Título original: La buena guarda.

© 2024, Red ediciones S.L.

e-mail: info@red-ediciones.com

Diseño de cubierta: Michel Mallard.

ISBN tapa dura: 978-84-1126-230-9.
ISBN rústica: 978-84-9816-186-1.
ISBN ebook: 978-84-9897-717-2.

Cualquier forma de reproducción, distribución, comunicación pública o transformación de esta obra solo puede ser realizada con la autorización de sus titulares, salvo excepción prevista por la ley. Diríjase a CEDRO (Centro Español de Derechos Reprográficos, www.cedro.org) si necesita fotocopiar, escanear o hacer copias digitales de algún fragmento de esta obra.

Sumario

Créditos _____ 4

Brevísima presentación _____ 7
    La vida _____ 7

Dirigida a don Juan de Arguijo, veinticuatro de Sevilla _____ 9

Personajes _____ 10

Jornada primera _____ 13

Jornada segunda _____ 53

Jornada tercera _____ 93

Libros a la carta _____ 135

Brevísima presentación

La vida
Félix Lope de Vega y Carpio (Madrid, 1562-Madrid, 1635). España.
Nació en una familia modesta, estudió con los jesuitas y no terminó la universidad en Alcalá de Henares, parece que por asuntos amorosos. Tras su ruptura con Elena Osorio (Filis en sus poemas), su gran amor de juventud, Lope escribió libelos contra la familia de ésta. Por ello fue procesado y desterrado en 1588, año en que se casó con Isabel de Urbina (Belisa).
Pasó los dos primeros años en Valencia, y luego en Alba de Tormes, al servicio del duque de Alba. En 1594, tras fallecer su esposa y su hija, fue perdonado y volvió a Madrid.
Entonces era uno de los autores más populares y aclamados de la Corte. La desgracia marcó sus últimos años: Marta de Nevares una de sus últimas amantes quedó ciega en 1625, perdió la razón y murió en 1632. También murió su hijo Lope Félix. La soledad, el sufrimiento, la enfermedad, o los problemas económicos no le impidieron escribir.

Dirigida a don Juan de Arguijo, veinticuatro de Sevilla
Habiendo leído este prodigioso caso en un libro de devoción de una señora destos reinos, me mandó que escribiese una comedia, dilatándole con lo verosímil a sus tres actos; representóla Riquelme, y después de algunos años llegó a mis manos, y he querido darla a luz, para que sea más común a todos tan raro ejemplo. Las virtudes de vuesamerced me obligaron a dedicársela; cosa a que tenía tan hecha la mano, que luego me llevó tras la imaginación la pluma. A sombra de su valor tuvo vida mi Angélica, resucitó mi Dragontea y se leyeron mis Rimas; y si vuesamerced, por modestia, no me hubiera mandado que no pasara adelante en esta resolución tan justa, mi Jerusalén tuviera el mismo dueño; y así le di a nuestro gran Monarca, Rey de dos mundos; porque, en mi opinión, desde la excelencia de los ingenios solo se puede pasar a la majestad de los príncipes, y aun esto por seguir la opinión del Filósofo en sus Éticas: «que el arte del gobernar tiene el principado en todos los demás artes». Amo a vuesamerced tan aficionadamente, y tienen desta verdad tanta satisfacción los que han leído mis escritos, que, o sería decir lo dicho tratar aquí sus alabanzas, o gastar vanamente las palabras, como los que aconsejan a los que están persuadidos; que, aunque sea bueno lo que tratan, como casa sin efecto, no se escucha: solo esto diré con Platón, que la dificultad que puso en hallar «un hombre varonil, ingenioso y humilde» (así lo refiere en el Diálogo de ciencia, hablando Teateto con Sócrates), no se lo pareciera si hubiera conocido las partes que admiran cuantos conocen su raro ingenio, magnánimo corazón y profunda mansedumbre; antes creo que le hubiera dado el lugar que en el mismo diálogo a Teodoro Tarsio o Euclides. Vuesamerced no admita esta memoria con lo que el nombre suena; sino con la definición de Aristóteles; que si ella lo es de las cosas pasadas, la opinión es fe de las porvenir, donde aun espero que vuesamerced me conozca más agradecido, y siempre firme en aquella primera verdad con que supe estimalle, y estimé conocelle. Dios guarde a vuesamerced.
Capellán y aficionadísimo servidor,
Lope de Vega Carpio.

Personajes

Argüello, Luis.
Basurto
Benito
Callenueva
Carrizo, fingido
Catalina Valcacer
Coronel
Don Carlos
Don Juan
Don Luis
Don Pedro
Doña Clara
Doña Elena
Doña Luisa
Dos damas
Dos galanes
Dos músicos
Dos nadadores
El hermano Carrizo, sacristán
España
Luis
Félix, mayordomo
Ginés
Jerónima
La Hortelana
La Portera
Leonarda
Liseno y Cosme, villanos
Los músicos
Luis
María de Argüello
Mariana

Olmedo
Portera
Quiñones
Ricardo, viejo
Riquelme
Tres bandoleros
Un Ángel
Un Escudero
Un Huésped
Un Pastor
Un Platero
Una Voz
Vivar

Jornada primera

(Entren dos damas, con mantos, y sus escuderos.)

Leonarda   Tarde pienso que venimos.

Doña Luisa   Sin misa nos quedaremos.

Escudero   La intención ofreceremos.

Leonarda   Culpa de tardar tuvimos;
                          aunque yo, por aguardaros,
                          la tengo mucho mayor.

(Dos galanes entren por la otra parte.)

Don Juan   Ayer me dijo Leonor
                          que esto viniese a avisaros;
                            y pienso que recibís
                          justamente estos favores,
                          pues tan honestos amores
                          a casaros dirigís;
                            que yo culpo grandemente
                          los mancebos atrevidos,
                          no solo que divertidos
                          están mirando la gente,
                            mas que quiten del altar
                          por un instante los ojos.

Don Luis   Desta guerra los despojos
                          a su templo se han de dar.
                            En sus gradas nos veremos
                          yo y Leonarda, si Dios quiere;
                          y pues es bien que espere,

no es mucho que a verla entremos.
 El matrimonio, don Juan,
es sacramento; ese intento,
y a fin deste sacramento,
licencia a los ojos dan.
 Miro una honesta mujer,
que la miro para mía.

Don Juan   Traigan los cielos el día
en que ya lo venga a ser.

Don Luis   ¿Podré en el agua bendita,
donde la mano metió,
ponerla yo?

Don Juan   Nunca yo
supe más de que nos quita
 pecados y tentaciones,
porque es arma que defiende
contra el demonio, que emprende
encender nuestras pasiones.
 Para templar las de amor
no fuera mal instrumento,
si fuera bueno el intento.

(Entre el hermano Carrizo, sacristán, con su sobrepelliz.)

Carrizo   ¡Alabado sea el Señor!

Doña Luisa   Dígame, hermano Carrizo,
¿habrá misa?

Carrizo   Misa habrá,
aunque por milagro ya,

  que un extranjero le hizo;
   que si agora no viniera
  de camino, como digo,
  no había con Ciudad-Rodrigo
  quien decírsela pudiera.
   ¿Por qué se levantan tarde?
  ¡Que las valga Dios, amén!
  Digan, hermanas, ¿es bien
  que la misa las aguarde?
   Lo primero que el cristiano,
  luego que el alba le avisa,
  ha de hacer, es oír misa,
  por pedirle a Dios temprano
   que los pasos de aquel día
  en su servicio se den,
  y por librarse también
  de aquel traidor que porfía,
   como sangriento león,
  devorar nuestra inocencia.

Leonarda ¡Qué santidad!

Doña Luisa   ¡Qué advertencia
  tan digna de estimación!

Carrizo   Si ellas salen a las nueve
  con un manteo bordado
  de entre el cambray delicado,
  como unos copos de nieve;
   y puestos en sus chapines
  los pies, aun no se persinan,
  que como grullas caminan
  al estrado y los cojines;
   y sentadas en damasco,

 piden con grande mesura
el cofre de la hermosura,
que abierto puede dar asco
 a un enfermero de sala
de cámaras, ni hay pintor
que tan diverso color
ponga en la tabla o la pala,
 porque puede en este almario,
de ver por varias recetas
tantos botes y cajetas,
confundirse un boticario;
 y la primera oración
es consultar el espejo,
con notable sobrecejo
de ver su misma visión;
 y luego, abriendo la boca,
hacer tres o cuatro gestos
más locos y descompuestos
que una mona cuando coca;
 y con un paño de dientes
acicalar las espadas
que el sueño tuvo envainadas,
en manjares diferentes;
 dalle con polvos al hueso
y con la sangre de drago
o aceite de azufre, en pago
de algún hurtado suceso;
 y si tras esto limpiáis
la cera y la palomina
que hizo el labio clavellina,
mientras vos os engañáis;
 y si luego hay lavatorio,
y la redoma enjuagáis
para que aljófar hagáis

lo que Dios hizo abalorio;
y tras esto, echáis encima
dos capas de solimán,
que los ciegos las verán,
aunque os preciéis de más prima;
si luego (y no es maravilla),
como veis que es carne falsa,
porque se coma con salsa,
calentáis la salserilla,
y os ponéis, con más primor
que una gata que se afeita,
ese color que deleita,
aunque fingido color;
y en tierra como ceniza
sembráis claveles, y luego
sacáis cabellos que el fuego
o el cordel quiebra y enriza,
hebras por fuerza doradas,
de que es el Sol buen juez,
y que pueden ser tal vez
canas mal disimuladas;
y gastáis en la cabeza
otras dos horas, tejiendo
lazos en que va cayendo
la ignorancia y la simpleza;
y por uno y otro lado
andáis tomando consejo
tan prolijas, que el espejo
da bostezos de cansado;
si luego viene el vestido,
y encima os ponéis el dote,
aunque el pueblo se alborote
y no se alegre el marido;
si luego hacéis con el oro

vuestro pecho aparador,
y luego el quemado olor
os inciensa el bajo coro,
  y salís que parecéis
el pabellón de Holofernes,
y como el domingo, el viernes
en esto os entretenéis,
  ¿qué misa a buscar venís
a las dos, pues no a mirar
salís el divino altar;
que a ser miradas salís?
  Y aunque tanta pepitoria
os cuesta cuidado eterno,
considerad que hay infierno,
muerte y vida, pena y gloria.

Leonarda   Basta, hermano, que se ha hecho satírico.

Doña Luisa   No creyera
que contra mujeres era
de tan riguroso pecho.
  ¡Jesús! ¡Qué cosas nos dice!

Carrizo   Menos he dicho que siento.
No tardé en el monumento
que el año pasado hice,
  lo que ellas hoy se han tardado
en componer para ser
vistas.

Leonarda   Ya de bachiller
se nos hace licenciado.

Carrizo	¿Ésta es licencia?
Doña Luisa	¡Pues no!
Carrizo	Y si ellas vienen ansí, esos ¿miraránme a mí?
Doña Luisa	¿No sabré cubrirme yo?
Carrizo	¿Qué importa, si con el manto están haciendo caireles y mostrando por canceles eso que encarecen tanto? El paño que el mercader pone, y que la tienda cubre, es el manto con que encubre sus defectos la mujer; que hay mil que en el día claro demonios parecerían. ¡Ay de los que en ellas fían!
Doña Luisa	Pare, que es necio.
Carrizo	Y reparo. Pues ¡mira el otro babera, cómo se la está mirando, el manto brujuleando, para ver si hace primera! ¡Entrense a misa, en mal hora!
Don Juan	Ya nos vamos.
Carrizo	Vayan ellas.

Leonarda	Ya vamos.
Carrizo	¡Lindas doncellas! ¿Piensan que, porque es agora carnestolendas, no hay más?
Doña Luisa	Sufre, que es santo, Leonarda.
Don Juan	Acá en la puerta la aguarda, y hablarla, don Luis, podrás; que éste hará grande misterio de cualquier cosa que impida.
Don Luis	No he de venir en mi vida a misa a este monasterio.
Carrizo	Vayan, y estén apartados y con mucha devoción.

(Entranse en la iglesia los galanes y damas, quedando solo Carrizo.)

	Siempre de ignorantes son los sacristanes culpados, y no ven sus ignorancias los que respeto no tienen.
(Toquen dentro.)	Son es éste... Danzas vienen. ¿En qué Italias, en qué Francias se celebra el Carnaval con mayor solicitud? Perdone Dios la inquietud. ¿Hay tal son? ¿Hay son igual? Todos andan de alboroto. Quedito, bravas cosquillas, porque no podré sufrillas,

| | y andará todo a lo roto.
| | Ellos tornan a tocar.
| | Quedo, pies. Mas ¿qué se pierde
| | de oír cantar, si no es verde
| | lo que empiezan a cantar?

(Canten dentro:)   Si decís de la aldeana
                   que con sayuelo de grana
                   excede a la cortesana
                   en limpieza y en blancura,
                   ara, ven y dura,
                   aunque se alborote el cura.

Carrizo   Todo me estoy deshaciendo,
                   como torrezno en sartén.
                   ¡Lindo son! ¡Y cantan bien!
                   ¿Qué es esto, pies? No os entiendo.
                      Haremos una floreta
                   siquiera, y la sotanilla
                   levantando a la rodilla,
                   sonaremos castañeta.
                      ¡Tened, por amor de Dios,
                   que me picó! ¡Pies, teneos!
                   ¡Ay, Jesús! ¡Qué bamboleos!
                   No más, pies; oigámonos.

(Canten:)   Si decís de la barbera
                   que parece por defuera
                   vajilla de Talavera.
                   En el lustre y la blancura,
                   ara, ven y dura,
                   que amor es todo ventura.

Carrizo   ¿Qué es lo que dijo de amor

>   y de la barbera? ¡Ay, cielo!
>   ¿Soy yo de bronce? ¿Soy hielo?
>   En la puerta estoy mejor:
>   desde aquí los quiero ver.
>   Ya pasan. Ya vuelve el son,
>   pues Carnestolendas son;
>   sotana, no hay que temer.

(Los músicos y cuatro o seis máscaras de hombres y mujeres, bailando.)

(Canten:)   Si decís de la del sastre,
                    que tiene por gran desastre
                    que falte a su nave lastre
                    en la mejor coyuntura,
                    ara, ven y dura,
                    aunque se alborote el cura.
                        Si decís de la mujer
                    del letrado, puede ser
                    que dé mejor parecer
                    en los pleitos que procura
                    ara, ven y dura,
                    que el amor todo es ventura.

(Éntrense con mucho regocijo.)

Carrizo   ¡Que hube yo de ser agora
                    destas monjas sacristán!
                    Enloquecido me han.
                    Pues ¡es que el son empeora!
                        ¡Alzaos, señora sotana!
                    Tras ellos la calle tomo...
                    Mas éste es el mayordomo.
                    ¡Qué breve es la gloria humana!

(Félix entre.)

Félix
    Doña Clara me ha mandado,
    Carrizo hermano..., esté atento...,
    que dé a hacer el monumento
    que ayer dejamos tratado.
      Quiere que nuevo se haga
    y que se pinte y se dore...,
    esté atento..., y se mejore,
    y el pasado se deshaga,
      para que se eche de ver
    en toda Ciudad Rodrigo
    que es abadesa...

Carrizo
                Eso digo,
    y es muy principal mujer.
      ¡Qué lindo ara, ven y dura!
    Aún se me bullen los pies.

Félix
    ¿Qué es eso que dice?

Carrizo
               Que es
    notable la arquitectura,
      y que el papel me agradó.
    Mas esto de monumento
    en Carnestolendas, siento
    que no es tiempo.

Félix
            ¿Por qué no?
    Si no se toma temprano,
    ¿cómo se hará la pintura?

Carrizo
    Hará... Ara, ven y dura.

Félix   ¿Qué es eso, Carrizo hermano?

Carrizo   Esto del cantar me altera:
                      ensayo lamentaciones.

Félix   Esté atento a estas razones.

Carrizo   Si decís de la barbera...

Félix   ¿Qué es eso?

Carrizo   Ya ¿no lo ve?
                      El tiempecillo, por Dios.

Félix   Venga esta tarde a las dos:
                      lo que ha de hacer le diré,
                        que aquí por la portería
                      quiero hablar a mi señora
                      doña Clara.

Carrizo   No ha media hora
                      que ni sentido tenía.
                        Si decís de la del sastre...
                      Si decís...

(Éntrese.)

Félix   ¡Extraña cosa!
              Pero vos, nave amorosa,
                  ¿dónde camináis sin lastre?
              ¿Dónde vais, loca de vos,
              en tan peligroso mar,
              que me habéis de sepultar
              si no me remedia Dios?

¡Nunca a esta casa viniera!
¡Nunca este oficio tomara!
¡Nunca hablara a doña Clara!
¡Nunca su hermosura viera!
　Diérame algún accidente
primero, y fuera mortal,
que no hay mal que tenga igual
a amar imposiblemente.
　¡Ay de mí, que no me he visto
jamás en dolor tan fiero,
y más cuando considero
que es Clara esposa de Cristo!
　Pues ¿qué intento? ¿Qué pretendo?
Que si ofendo tal Esposo,
pensamiento peligroso,
advertir a quién ofendo.
　Mas ¿cómo podré vivir?
Porque llega ya mi fuego
a tanto desasosiego,
que se lo pienso decir.
　Ya vengo determinado:
pasos, no volváis atrás,
porque imagino que es más
matarme desesperado.
　Deo gratias. ¡Oh, qué mal digo,
que no es dar gracias a Dios,
sino ofenderle! Mas vos
templad, Señor, el castigo.
　Deo gratias. A mi señora
la Abadesa, sóror Juana.

(Dentro:) Aquí está Félix.

Doña Clara　　　　　Mañana
dirás que vuelva Teodora.

(Entre doña Clara, monja, en el hábito que parezca más a propósito.)

Doña Clara Félix, ¿qué hay de nuevo allá?
¿Vino el trigo? ¿Hízose cuenta
con Esteban? ¿Qué hay? ¿Qué intenta?
¿Cuándo vendrá por acá?
 ¿Advertiste lo que os dije
del monumento? ¿Qué es esto?
¿No habláis? ¿De qué estáis compuesto?
Pues ¿qué tenéis? ¿Qué os aflige?
 ¿No estáis buenos? ¿Qué os ha dado?
Algo estáis descolorido.

Félix Enfermo estoy.

Doña Clara   Pues ¿qué ha sido?

Félix Cuidado.

Doña Clara   Y ¿qué es el cuidado?
¿Puédese acá remediar?

Félix Bien remediarse pudiera,
por más que imposible fuera;
mas no lo pienso intentar.

Doña Clara ¿Fáltaos dinero? ¿Han hurtado
alguna cosa?

Félix   Sí han;
mas no me la volverán,
que de voluntad la he dado.
 Y pues que Dios os crió

| | tan discreta como hermosa, |
| | oíd, señora, una cosa. |

Doña Clara Hablad: muy vuestra soy yo.
              No hay en casa quien os ame
              con tan grande voluntad;
              yo os haré tanta amistad,
              que casi exceso se llame.
              No soy pobre; bien podéis
              con seguridad hablar.

Félix Todo está en el comenzar.

Doña Clara Ya aguardo que comencéis.

Félix   Hanme dado unas tristezas
              y ansias en el corazón,
              que a tal desesperación
              han traído mis flaquezas,
                 que hoy he querido tomar
              un lazo y echarle al cuello:
              ahogarme puede un cabello.

Doña Clara ¡Un hombre llega a llorar!
                 ¿Qué tenéis, por vida mía?
              ¡Jesús! ¡Ahorcaros! ¿Por qué?

Félix Solo porque en vos se ve
              más claridad que en el día.
                Por santa, en tan verdes años,
              deste convento os han hecho
              Abadesa.

Doña Clara   No sospecho

>   que en eso estén vuestros daños;
>   que si es falta que le hacéis
>   al convento, hoy me prefiero
>   a pagar con mi dinero:
>   no os ahorquéis ni lloréis.

Félix   Dicen mil cosas aquí
>   de vuestra gran santidad.

Doña Clara   Cuando eso fuera verdad,
>   más podéis fiar de mí.

Félix   Señora, yo quiero bien;
>   que no es falta de dinero
>   mi mal, sino que no espero
>   que algún remedio me den.
>   Ya os he dicho mi dolor.

Doña Clara   ¡Jesús! ¿Por eso lloráis?
>   Si alguna doncella amáis,
>   casaos, que de aquese amor
>   quedará servido el cielo.

Félix   No puede ser, que es casada,
>   que deso tengo anegada
>   el alma entre fuego y hielo.

Doña Clara   ¡Casada!

Félix   Señora, sí,
>   y es tan alto su Marido,
>   que tiemblo verle ofendido
>   de mi pensamiento aquí.
>   Tiene notable poder;

	mas también es piadoso.
Doña Clara	Habrá de ser riguroso
si vos amáis su mujer.
Mas yo haré hacer oración,
con disciplina y ayuno,
por vos.
Félix	No sé yo que alguno
mueva mi loca intención.
Doña Clara	No veáis esa mujer.
Félix	¿Qué importa, si ya la vi?
Doña Clara	Rogaldo a Dios, fiad de mí;
que lo mismo pienso hacer.
Félix	De otra manera sé yo
que me podréis remediar.
Doña Clara	Aunque la pudiera hablar,
líbreme Dios; eso no.
¿Cosa que el demonio acaso
os haga amar religiosa?
Félix	Religiosa, y tan hermosa,
que por sus ojos me abraso.
Doña Clara	¡Jesús! ¿Quién es?
Félix	Vos, mi bien.
Temblando estoy. Perdonad.

Doña Clara	Aunque con riguridad
	responderos fuera bien,
	no quiero descomponerme,
	que basta por testimonio
	de que os incita el demonio,
	que es astuto y nunca duerme,
	ver la desesperación
	con que os obliga a mataros.
	Mas yo quiero consolaros
	con irme a hacer oración
	y alguna más penitencia,
	por afear la hermosura
	que os obliga a tal locura.
Félix	¡Qué humildad y qué paciencia!
	Dadme, señora, perdón.
	No os ofenderé en mi vida.
Doña Clara	Flaca será, resistida,
	la más fuerte tentación.
Félix	No sea con vos malquisto.
Doña Clara	Si el demonio os tienta hoy,
	acordaos, Félix, que soy
	esposa de Jesucristo.
(Váyase.)	
Félix	No más, desatinado pensamiento:
	Clara me ha dado luz más que el Sol clara,
	porque los claros rayos de su cara
	me enseñaron mi loco atrevimiento.
	Ya tengo diferente sentimiento;

             con justa causa mi temor repara.
             Detén, Señor, la rigurosa vara;
             no me mandes prender, ya me presento.
                Todo eres manos y ojos; no hay valerse,
             de tu esposa el adúltero en fiarse
             que podrá del secreto socorrerse;
                que cuando pueda en el abismo entrarse,
             no puede de tus ojos esconderse,
             ni puede de tus manos escaparse.

(Váyase, y entren don Pedro y Ricardo, viejos.)

Don Pedro   Conozco bien ese mancebo ilustre,
                 y sé las partes suyas, que bastara
                 tu autoridad y estar yo satisfecho;
                 que lo que cuadra con el gusto tuyo,
                 bien puede ser satisfacción del mío.

Ricardo   Es don Carlos un hombre de aquel talle,
                 y tiene condición tan generosa
                 (fuera de ser mancebo virtuoso),
                 que por ella pudiera ser bienquisto,
                 no solo entre sus deudos, entre bárbaros.
                 Yo tengo para mí que doña Elena
                 no puede hallar su igual; y aunque sois padre,
                 creo que en desear su bien y aumento,
                 don Pedro, os aventaja el amor mío.

Don Pedro   ¿No venía con vos?

Ricardo   Aquí venía,
                 y aguardó en el portal.

Don Pedro   Desde la reja

me pareció...

Ricardo   Verdad, no he de negarlo;
y pues venís en ello con tal gusto,
béseos las manos.

Don Pedro   Será bien que agora...

Ricardo   Yo no os dijera cosa que no fuera
muy conforme al honor de vuestra casa.
Hablalde y velde; que si fuera padre,
primero me casara con mis yernos,
que darlos a mis hijas.

Don Pedro   Y aun es justo,
primero contentar del padre el gusto.

Ricardo   ¡Hola! Llama a ese noble caballero
que me aguarda a la puerta.

Don Pedro   Yo le estaba
aficionado ya de solo verle;
mas bien será que vamos con espacio,
que esto de casamientos, dijo un hombre
que era como la tecla de los órganos,
que en todas era bien poner los dedos.

Ricardo   Tocad en su nobleza, en sus costumbres,
en sus inclinaciones, en su trato,
en sus amigos, en sus deudos; todo
lo hallaréis de una misma consonancia.

(Don Carlos entre.)

Don Carlos	Bésoos los pies mil veces.
Don Pedro	No es mi casa, señor don Carlos, tan extraña.
Don Carlos	Ha sido encogimiento más que otro respeto; que bien sé la merced que siempre hiciste a mis padres.
Don Pedro	Yo fui servidor suyo, y vuestro lo seré si se ofreciere ocasión de serviros.
Ricardo	¿De qué sirven los vanos cumplimientos? Yo he tratado vuestra intención, don Carlos, libremente con el señor don Pedro, y él responde que holgará de teneros por su hijo.
Don Carlos	Agora con más veras por el suelo os besaré los pies.
Don Pedro	Señor don Carlos, no, ¡por mi vida!, ni esto aquí se trate, que podrán entenderlo los criados, y publicarse en la ciudad sin tiempo; que un casamiento es pretensión de un hábito, donde suelen hablar los enemigos. Ya sabéis que yo tengo a doña Elena, después que Clara religión profesa, casi por mi heredera; porque creo que ha de dar don Bernardo en esto mismo. Es la luz de mis ojos, y merece

| | serlo por su virtud. No puedo daros
otro dote mayor que lo que digo. |
|---|---|

Don Carlos   En llegando a tratar de dote alguno,
               pierde, señor, valor mi pensamiento.
               Suplícoos que dejéis esas bajezas
               para quien piensa que consiste en oro
               del casamiento el singular decoro.
               Yo quiero a doña Elena por sí misma
               y porque es hija vuestra: aquesto basta.

Don Pedro   Añadiréis amor y obligaciones,
               Carlos, con eso, y vos seréis el dueño
               de la hacienda que tengo. Hacedme gusto
               de iros a la iglesia y esperarme.
               A Dios este suceso encomendemos,
               y en el claustro los tres le trataremos.

Don Carlos   Voyme alegre, señor, y confiado
               de que soy vuestro hijo.

Don Pedro   Yo me honro,
               don Carlos, de que vos me llaméis padre.

Ricardo   Huélgome de que Carlos os contente.

Don Pedro   La modestia en el mozo siempre agrada,
               porque es la libertad necia y cansada.

(Váyanse don Carlos y Ricardo. Elena.)

Don Pedro   ¡Elena!

Elena   ¿Qué me mandas?

Don Pedro   ¡Qué de presto
           me respondiste! ¿Estabas escuchando?

Elena   ¿Yo, señor? Pues ¿yo entiendo en tus negocios,
           o tengo de pensar que me murmuras?
           Los que escuchan es gente sospechosa,
           y que tiene por qué.

Don Pedro   ¿No has entendido
           que te quiero casar?

Elena   Ni imaginado;
           que tengo más envidia a doña Clara
           por vivir religiosa, y de tal suerte,
           que por su santidad, en verdes años,
           gobierna a las demás, que si tuviera
           ceptro del mundo y su señora fuera.

(El hermano Carrizo, con un tabaque, y su herreruelo, y sombrero.)

Carrizo   Deo gratias. ¿Quién está acá?

Don Pedro   ¿Es el hermano Carrizo?

Carrizo   Tan grande como me hizo
           quien deshacerme podrá.
              El Niño Jesús los guarde.
           ¿Están buenos?

Don Pedro   ¿No lo ve?
           Y él, ¿tiene salud?

Carrizo   No sé.

35

            Bueno me siento esta tarde;
              Dios sabe quién ha de estar
            vivo mañana.

Don Pedro   Es ansí.

Carrizo   Y ella, ¿está buena?

Elena   Yo sí.
             ¿Ya no me llega a abrazar?

Carrizo   Como vengo embarazado...

Elena   Llegue, porque algo me pegue.

Carrizo   ¿De qué?

Elena   Y mire que le ruegue
             a Dios con mucho cuidado
               que me haga buena.

Carrizo   Sí haré
             en mis pobres oraciones,
             y allá con los canelones
             algo desto le diré.
               Su hermana y nuestra abadesa,
             que Dios guarde, acá le envía
             esta fruta; y a fe mía
             que de no poder me pesa
               probarla, porque hoy ayuno.

Elena   ¡Qué santidad!

Don Pedro   Es ejemplo

	desta ciudad.
Elena	Aquel templo no produce árbol ninguno que de tal fruto no sea.
Don Pedro	Hermano, un negocio emprendo que será remedio, entiendo, de mi hija. Si desea su bien, encomiende a Dios su buen suceso.
Carrizo	Sí haré, aunque pecador. A fe que es casamiento.
Elena	Los dos tratábamos desto agora. Ruéguelo a Dios por allá.
Don Pedro	Clara, hermano, ¿cómo está?
Carrizo	Muy buena está mi señora; aunque con ayunos tales, disciplinas y abstinencias y espantosas penitencias, salen al rostro señales de lo que en el cuerpo pasa.
Don Pedro	De escuchallo me enternezco.
Carrizo	A dar probado me ofrezco, con las más santas de casa, que es ángel en velo humano.

Don Pedro	¡Gracias a Dios! Mira, Elena, que seas tan santa y buena, con tal ejemplo en la mano. Ven; que le quiero enviar un regalo.
Elena	Y yo también.
Carrizo	Dígame, hermana, ¿con quién, con quién se quiere casar?
Elena	Con don Carlos... ¿No conoce a don Carlos?
Carrizo	¡Pesia tal! Es hombre muy principal: Cuatro mil años le goce. En verdad que he de venir a la boda.
Elena	Ruegue a Dios que nos casemos los dos...
Carrizo	Diga lo que iba a decir.
Elena	Que yo le mando de paño de Segovia un herreruelo y una sotanilla.
Carrizo	El cielo le dé un hijo al primer año...
Elena	Hoy se han de hacer los contratos.

Carrizo	Y tantos le dé después,
que no conozca en un mes
las calzas ni los zapatos.

(Váyanse y Félix entre.)

Félix	Extraño pensamiento,
quimera a lo divino,
infierno de mis locas esperanzas,
esperanza en el viento,
que con tal desatino
presumes que del Sol el rayo alcanzas,
¿qué vanas confianzas
de un morir atrevido
llevan tu mariposa
a la luz amorosa
del mismo fuego que arde tu sentido?
¿Adónde vas? ¿Qué quieres?
Más es un ángel que cien mil mujeres.
  Advierte lo que emprendes,
advierte lo que sigues.
¿Desto han servido tantas oraciones?
¿Cómo de nuevo enciendes,
sin que átomo mitigues
de mis locas y bárbaras pasiones,
mis ciegas pretensiones?
¿Ya no estaba acabado?
¿Ya no me arrepentía?
¿Ya templar no quería
con la virtud de Clara mi cuidado?
¿Qué puede haber que esperes?
Más es un ángel que cien mil mujeres.
  No es mujer la que adoras.

Detente, pensamiento;
ángel es Clara, el nombre lo declara.
Su honestidad desdoras,
con loco atrevimiento,
que en un abismo de tinieblas para.
Pensé que descansara
cuando vi la paciencia
con que sufrió el camino
que abrió mi desatino
contra su honestidad y su inocencia.
¡Que de nuevo me alteres!
Más es un ángel que cien mil mujeres.
   ¡Oh, cielo riguroso!
Ya no como ni duermo,
perdido estoy de llanto y de tristeza;
parezco, sin reposo,
un abrasado enfermo
que no hay donde descanse la cabeza.
Fuentes de su belleza
se me están acordando:
los cristales que veo
con ardiente deseo,
dulce muerte me están pronosticando.
¡Oh, amor! Infierno eres.
Más es un ángel que cien mil mujeres.
   Yo no desesperara
si cien mil pretendiera,
aunque fueran más altas que la Luna;
pero si doña Clara
es ángel, ¿quién creyera
que la emprendiera confianza alguna?
El amor me importuna,
el miedo me detiene,
a hablarla no me atrevo,

porque es volver de nuevo
a despertar su ira... Mas ya viene.
¡Oh, amor! ¡Que perseveres!
Más es un ángel que cien mil mujeres.

(Doña Clara.)

Doña Clara   Dijéronme que llamabas.

Félix   Vino aquel recaudador
por quien ayer preguntabas.

Doña Clara   ¿Qué dice?

Félix   Que es ciego amor.

Doña Clara   ¿Cómo o qué? ¿Con quién hablabas?

Félix   No sé lo que te decía,
si va a decir la verdad.
Llego a tal temeridad,
que he de matarme este día.

Doña Clara   Pues ¿qué te ha dado?

Félix   No sé;
sé que he rezado, ayunado,
y sé que me quebranté
a azotes, y no ha bastado.

Doña Clara   ¿Qué dices, hombre sin fe?
 Si tú a Dios te encomendaras,
y orando perseveraras,
Dios te ayudara. ¿Qué dudas?

                Mas tú sus auxilios mudas,
                porque en deleites reparas.
                   Si no llevas intención
                y casto y limpio deseo,
                ¿de qué sirve la oración?

Félix   Pues ¿qué he de hacer, si te veo
                con tal gracia y perfección?
                   Dios ¿no te hizo?

Doña Clara   Es ansí.

Félix   Yo quiero lo que Dios hizo.
                ¿De qué te quejas de mí,
                si el cielo se satisfizo
                del valor que puso en ti?

Doña Clara   ¡Quedo, loco! ¿Qué es aquesto?
                ¿Tú hablas tan descompuesto,
                que hasta a los cielos se atreve
                tu lengua?

Félix   Ponme esa nieve
                sobre aquestos labios presto;
                  ponla presto, que me abraso.

Doña Clara   Algún demonio te incita.

Félix   ¡Esto por un ángel paso!

Doña Clara   Nunca mi Esposo permita
                tan feo y enorme caso;
                   porque si la vez primera,
                necio, te hablé con blandura,

	fue pensando que no fuera
	adelante la locura,
	que en su rigor persevera.
	Hoy te he de hacer despedir,
	y que esta mayordomía
	otro la venga a servir.
Félix	Detente, señora mía;
	perdón te quiero pedir.
	Mira que perdona Dios
	a los que a sus pies se humillan.
	Roguémoselo los dos.
Doña Clara	Mucho, Señor, maravillan
	las grandezas que hay en vos.
	Dos veces he derribado
	este enemigo atrevido.
	Félix, ya estás perdonado,
	porque el verte arrepentido
	y llorando, me ha obligado.
	El tiempo es santo: repara
	en que Dios murió por ti.
	Haz penitencia y declara
	tus culpas.
Félix	Harélo ansí,
	y tú se lo ruega, Clara.
Doña Clara	Esa palabra te doy;
	desde aquí a encerrarme voy.
	Confiésate.
Félix	Tú verás
	que no he de inquietarte más.

Doña Clara   ¡Ay, Señor, la culpa soy!

(Váyase.)

Félix   ¡Cuántas veces, Señor, me habéis llamado,
y cuántas con vergüenza he respondido,
desnudo como Adán, aunque vestido
de las hojas del árbol del pecado!
    Seguí mil veces vuestro pie sagrado,
fácil de asir, en una cruz asido,
y atrás volví otras tantas, atrevido,
al mismo precio en que me habéis comprado.
    Besos de paz os di para venderos;
pero si fugitivos de su dueño,
hierran cuando los hallan los esclavos.
    Hoy que vuelvo con lágrimas a veros,
clavadme vos a vos en vuestro leño,
y tendréisme seguro con tres clavos.

(Váyase, y entren don Carlos y Carrizo.)

Don Carlos   Sé que vos entráis allá.

Carrizo   Yo no le digo que no,
que allá voy mil veces yo
para saber cómo está.
    Mas cierto que me he espantado,
y la causa no sospecho,
de que un negocio tan hecho
se hubiese desconcertado.

Don Carlos   Hay siempre, hermano Carrizo,
malos terceros en todo.

Carrizo	¡Ah! ¡Que se pongan del lodo!
Don Carlos	Ya sé yo quién lo deshizo; pero acabara de dar en tierra mi pretensión, si yo en aquesta ocasión me pretendiese vengar.
Carrizo	Y en cualquiera tiempo es malo, señor don Carlos, vengarse; eso a Dios ha de dejarse, que tiene Dios por regalo satisfacer los agravios de quien se los deja a él.
Don Carlos	Ello fue cosa cruel: yo tengo el alma en los labios: muero por la bella Elena.
Carrizo	No diga tal, que es pecado.
Don Carlos	Si es voluntad de casado, para santo fin se ordena; ya don Pedro me la daba, y cierto competidor no trató bien de mi honor.
Carrizo	Mucho la prudencia alaba el agravio en el discreto; tórnelo a tratar.
Don Carlos	Sí haré; pero entretanto no sé

	que con hombre más secreto
	pueda animar a quererme
	a mi Elena, que con él.
	¿No la llevará un papel?
	¿No querrá este bien hacerme?
	Que en casándome, le juro...

Carrizo   ¡Abernuncio, Satanás!
             ¿Yo papel? Es por demás.

Don Carlos   Pues si casarme procuro,
                ¿no ve que se sirve Dios?
             Tome esos cuatro doblones.

Carrizo   Para santas ocasiones,
             y siendo santos los dos,
                y tan santo el pensamiento
             desta santa pretensión,
             aún parece que es razón
             ayudar su casamiento.
                ¿Oye? Váyase con Dios,
             que hoy la señora Abadesa,
             que de envialle no cesa
             recados de dos en dos,
                allá me enviará, y daré
             este papel a su Elena.
             Pero mire que se ordena
             para que con ella esté
                en servicio del Señor.

Don Carlos   Eso es sin duda. Adiós quede.

(Váyase don Carlos.)

Carrizo	¡Oh, cuánto el dinero puede!
	Más puede que el mismo amor.
	Quiero esconder el papel
	para hablar con doña Clara,
	que en solo verme la cara,
	me dirá cuanto hay en él.
	Entraré en la portería,
	que está hablando con fray Juan;
	los dobloncillos me dan
	una intrínseca alegría,
	que estoy cosquilloso todo;
	no puedo disimular.
(Doña Clara.)	
Doña Clara	Allá lo pueden dejar
	concertado de ese modo,
	y las joyas de la palia
	entréguenmelas a mí.
Carrizo	Ya huele a santos aquí;
	que no hay tal ámbar ni algalia.
Doña Clara	Deo gratias.
Carrizo	Por siempre.
Doña Clara	¿Dio a mi hermana aquel recado?
Carrizo	Dado está, y aun olvidado.
Doña Clara	Y ¿respondió?

Carrizo	Respondió.
Doña Clara	Muestre el papel, y en un vuelo
vaya a doña Elvira, y diga
lo que la palabra obliga,
que darla en esto es al cielo;
diga que le dé las joyas.
Carrizo	Voy.
Doña Clara	Leer quiero este papel.
(Váyase Carrizo.)	
(Lea.)	«Señora, si estás cruel,
puedes abrasar mil Troyas.»
¿Cómo es esto? «Mas si miras
blandamente mi pasión...»
Letra y razones no son
de Elena. «Cuanto te admiras,
trocarás en lastimarte.»
¿Papel de amores a mí?
¡Carrizo se atreve ansí!...
«Pues verás en cualquier parte
las señales de mi pena.»
Este sacristán, ¿es santo?
¿Éste han estimado en tanto?
Mas si fue yerro de Elena...
(Entre Félix.)	
Félix	Digo que me mataré,
ya no hay de qué porfiarme;
déjame ya, pensamiento,

	que yo quiero contentarte; yo echaré en estas paredes un lazo, para que acabes de perseguir un rendido.
Doña Clara	¿Qué es esto?
Félix	Vengo a matarme.
Doña Clara	¿Por qué?
Félix	Por solo quererte; pues no es posible que basten diligencias ni temores.
Doña Clara	Tente, Félix, no te mates.
Félix	¿Cómo que no?
Doña Clara	Escucha un poco; escucha, así Dios te guarde, verás la mayor desdicha que en nuestra flaqueza cabe: el día que me dijiste amores o disparates, no pude dormir, pensando los efectos que amor hace; y de pensar los efectos, me nació el determinarme a quererte; más callé porque tú perseverases. La segunda vez, ¡oh, Félix! Hice mucho en despreciarte, porque ya entonces temía

que de temor me olvidases.
Muchas diligencias hice;
pero no fueron bastantes
a contrastar la memoria
de lo que allí me contaste;
que mientras más resistía,
más sentía desatarme
las venas en vivo fuego,
si hay fuego que tanto abrase;
que se imprimieron en mí
las lágrimas que lloraste,
de suerte, que se mezclaron
en el alma con mi sangre.
Alterado el corazón,
daba golpes desiguales,
como que puerta pedía
para salir o matarme.
No he comido ni dormido,
buscando para mirarte
las rejas y celosías,
o en la iglesia o en la calle.
Ayer me determiné
que si volvías a hablarme,
de aquí contigo saldría,
para que tú me llevases
donde tu gusto quisiese;
y así, vengo a suplicarte
con lágrimas de mis ojos,
que me lleves o me mates.

Félix   No llores, señora mía;
mi bien, no llores, que haces
ofensa a los claros soles
que desos orientes salen.

                    Detén el cristal corriente
                    que de las entrañas nace,
                    que yo imaginaba peñas,
                    y ya son tiernos cristales.
                    Yo soy un esclavo tuyo:
                    como a tal puedes mandarme.
                    ¿Cuándo me mandas, señora,
                    que desta casa te saque?
                    Abrevia, que estoy muriendo.

Doña Clara   Mañana podrás llevarme,
                    cuando la confusa noche
                    a la mitad se levante
                    del cielo, y sepulte en sueño
                    hombres, animales y aves;
                    busca un vestido seglar.

Félix   Y ¿de, quién podré fiarme
                    para servir? Que es forzoso.

Doña Clara   Este Carrizo es bastante;
                    háblale de parte mía.

Félix   ¿A un santo dices que hable?

Doña Clara   Yo sé bien que no lo es:
                    contigo puedes llevarle;
                    yo sé que sabe traer
                    un papel, aunque sea un ángel
                    de los que tiene la tierra
                    la persona a quien le trae.

Félix   Yo lo haré, pues que lo dices,
                    y no hay más de que me aguardes.

Doña Clara	Aguardaré como tuya.
Félix	Quien amare, se declare; porque, como persevere, no es posible que no alcance.

Fin de la primera jornada

Jornada segunda

(Félix y el hermano Garrizo.)

Carrizo   Sin sentido me has dejado.

Félix   Yo te he dicho la verdad.

Carrizo   ¡Que sufras, Suma Bondad,
                   tan espantoso pecado!
                      Mira, Félix, que del cielo
                   bajarán rayos de furia
                   si haces tan grave injuria
                   a su castísimo velo.

Félix   Deja aparte hipocresías,
                   loco, que ella me ha contado
                   que tú la has solicitado
                   con papeles estos días
                      de un caballero de aquí.

Carrizo   ¿Yo?

Félix   Tú.

Carrizo   Serán de su hermana.

Félix   Pues que contigo se allana,
                   ella le conoce a ti;
                      y abreviemos. O esta daga
                   te ha de pasar ese pecho
                   (pues si te quedas, sospecho
                   que mayor daño me haga),
                      o conmigo has de venir.

Carrizo   Ten la daga, que te juro
que con el alma procuro
a ti y a Clara servir.
   No es mi miedo ni cumplimiento,
sino que mi propio humor
me lleva a cosas de amor
el alma y el pensamiento.
   Soy retozón de mi gusto,
tierno de mi natural:
un chapín, un delantal,
me causan notable susto.
   No hay cofia o cabello suelto
que no me lleve tras sí;
que vive un pimiento en mí,
en esta sotana envuelto.
   En oyendo yo un cheriba,
me desato en pura miel,
porque soy tan moscatel,
que de sentido me priva.
   Cuanto aquí me has visto hacer,
todo ha sido fingimiento;
que no hay centro en lo violento,
y es mi centro una mujer.
   Pueden con mi corazón,
en oyéndolas hablar,
como con manteca, dar
lardo a un asado capón.
   No hay almíbar que me iguale
en tratándome de amor,
porque el placer y el color
al rostro y ojos me sale.
   Vaya fuera la sotana,
no haya más hipocresía;

	humana condición mía,
	declarad que sois humana.
	Venga espada y vengan plumas,
	rompan el mundo estos pies.

Félix   Huelgo que por tu interés
a servirme te resumas.
  Clara vistiéndose está
para el camino un vestido:
lindas joyas ha cogido:
a punto las tiene ya;
  yo las mulas a la puerta
de la ciudad, que un villano
guarda.

Carrizo   ¿Quién?

Félix   El hortelano
desa mi heredad o huerta:
  no hay más de hacer una seña.

Carrizo   Y yo, ¿no me he de mudar?

Félix   Sí; mas fuera del lugar.

Carrizo   Aun pienso que Félix sueña.
  Félix, ¿es esto de veras?
¡Clara tan loca por ti,
que quiere salir de aquí!
¡A un ángel tan santo esperas!
  ¡A una mujer que por santa
la dieron este gobierno!

Félix   Un amor lloroso y tierno,

                  Carrizo, un mármol quebranta.
                     Mi trabajo me ha costado;
                  tres veces la combatí...
                  mas no tratemos aquí
                  lo padecido y pasado,
                    pues dello surtió el efecto
                  que ves. Yo he vencido; basta.

Carrizo   ¿Qué mujer habrá tan casta,
                  donde no quepa un defecto,
                    si este enemigo porfía,
                  y el principio no remedia?

Félix   Temí que fuera tragedia,
                  Carrizo hermano, la mía,
                    y hase convertido en boda.
                  Doy un silbo... Mira bien
                  si hay alguien.

Carrizo   Agora, ¿quién?
                  Porque está la ciudad toda
                    envuelta en tiniebla y sueño.

(Silbe Félix, y salga doña Clara, de seglar, muy gallarda.)

Doña Clara   ¿Eres tú?

Félix   ¿Quién puede ser?
                  Dame esos brazos, mujer,
                  esposa y eterno dueño.

Doña Clara   ¡Ay, día de mi esperanza,
                  hoy en tus brazos cumplido!
                  ¡Jesús! ¿Con quién has venido?

Carrizo ¿No me ves?

Doña Clara ¡Qué buena lanza!

Carrizo Lanza o lanzón, cuando aquí
sales a casarte, Clara,
Carrizo solo repara
en que se pierde por ti.
 La sacristía me dan
desta casa, e imagina
que si la imagen camina,
no se queda el sacristán.
 La manga voy a llevar
en aquesta procesión.

Doña Clara Yerros por amores son,
a quien dio el alma lugar.
 Retiraos los dos allí,
que un poco tengo que hacer.

Félix Presto, que deben de ser
las doce.

Doña Clara ¿Las doce?

Félix Sí.

(Retírense los dos, y ella diga:)

Doña Clara ¡Virgen, que estáis sobre esta puerta santa,
por donde salgo a tanta desventura,
engañada de amor con fuerza tanta,
que no repara el alma en mi locura;

57

vara de Araón, divina, fértil planta,
que distes al Criador, siendo criatura,
por cuyo fruto os echan bendiciones
las más fieras y bárbaras naciones;
   hermosa Virgen, cándida cortina
de aquel Sol de justicia soberano;
Raquel del gran Jacob, Ester divina,
salud eterna del linaje humano,
preciosa piedra imán, que al Norte inclina,
que nos enseña siempre vuestra mano,
yo rompo la palabra que había dado
a vuestro Hijo y a mi Esposo amado!
   Con lágrimas lo digo, Virgen bella:
adúltera soy ya; yo soy perdida;
que un ciego amor me arroja y atropella,
y una pasión en vano resistida.
¡Qué vergüenza que tengo, clara estrella,
divina fuente de la eterna vida,
de alzar mis feos ojos a miraros,
siendo los vuestros más que el cielo claros!
   Mas ya el demonio, envuelto en mi flaqueza,
a desesperación tan grande incita
mi loca y femenil naturaleza,
que a matarme o salir me solicita.
Por vuestra intacta virginal pureza,
entre todas santísima y bendita,
María celestial, Madre piadosa,
os pido hagáis por mí sola una cosa.
   No sé cómo me atrevo, cuando intento
tan gran maldad; pero por ser tan justo
lo que os suplico, tengo atrevimiento,
que no lo hiciera yo si fuera injusto;
y es que, pues yo, con loco pensamiento,
llevada de la infamia de mi gusto,

                    voy a perderme en tanto vituperio,
                    quedéis en guarda deste monasterio.
                       Aquí tuve el gobierno, y voy perdida;
                    guardad estas ovejas, Virgen santa,
                    pues su pastora, con infame huida,
                    las deja al lobo, que el ganado espanta.
                    No se pierda ninguna, aborrecida
                    de mi maldad, ni caiga en la garganta
                    del hambriento león, a ejemplo mío.
                    ¡Guardaldas, Virgen; que de vos las fío!

Carrizo   Paréceme que llora.

Félix   No lo entiendo.
                    ¿Si se arrepiente ya?

Doña Clara   ¡Virgen hermosa,
                    y vos, Esposo mío, aunque os ofendo,
                    y el hombre pierdo aquí de vuestra esposa,
                    guardad estas ovejas!

Félix   ¿Si temiendo
                    la justicia del cielo rigurosa,
                    no se atreve a partir?

Carrizo   Eso sospecho.
                    Llega, y esfuerza su medroso pecho.

Félix   ¿Qué es esto, Clara? ¿Quieres que amanezca,
                 y nos hallen aquí? ¿Qué estás llorando?

Doña Clara   Despedirme de aquí; no te parezca
                 mucho sentirlo, el daño imaginando.

Félix   No hay cosa que el temor, Clara, te ofrezca,
que no la venza el amor. ¿Qué estás dudando?

Doña Clara   Vamos.

Félix   ¿Agora el miedo te acobarda?

Doña Clara   ¡Virgen, en vos les dejo Buena Guarda!

(Vanse. Una voz, dentro. diga así:)

Voz   Ángel, escucha.

(Un ángel salga.)

Ángel   ¡Oh, Reina de la vida!
¿Qué me mandáis?

Voz   Al punto te transforma
en esta miserable, que, perdida,
a su Esposo desprecia desta forma.
De su rostro y sus hábitos vestida,
sirve su oficio, y las demás informa
de consejos divinos.

Ángel   Obediente
haré su oficio mientras vive ausente.
  ¡Oh, poderoso Señor,
que los hombres tanto estimas!
¡Que tu justicia reprimas
y detengas tu furor!
  ¡Que quieras que los sirvamos
y que en su lugar quedemos,
que a los buenos los honremos

y a los malos defendamos!
   Das en el desierto a Agar
en tal desdicha consuelo,
bajando un ángel del cielo;
tres haces también bajar
   en el valle de Mambré,
que Abraham a adorar viene,
y otro el cuchillo detiene
por tanta obediencia y fe.
   Cuando bendición le dan,
Jacob los vio por la escala,
que el cielo y la tierra iguala,
y al partirse de Labán.
   Ya en la zarza que no ardía,
ya en la columna de fuego,
ya prometiéndole luego
el ángel que a Moisés guía;
   ya puesto contra Balán,
ya en favor de Josué,
y ya Gedeón le ve
al huir de Madián;
   ya dándole pan a Elías
y a los asirios agravios,
ya purificando labios,
poniendo fuego a Isaías;
   ya en el horno a Misael,
dándole a Dios bendiciones,
ya enfrenando los leones,
sustentando a Daniel;
   y ya en Betulia guardando
a Judit, casta y valiente,
ya con Tobías ausente,
su camino acompañando;
   ya a Josef santo durmiendo,

                    y cuando a Egipto camina,
                    ya moviendo la piscina,
                    ya las cárceles abriendo;
                        ya en el monte Sinaí,
                    ya a Felipe y Pedro santo;
                    pero no es mucho, que tanto
                    les diese favor allí,
                        si viene a comparación
                    con aquesta miserable
                    que a su Esposo venerable
                    ha hecho tan vil traición.
                        Maitines tocan; yo quiero
                    ir a estar en su lugar,
                    pues me le manda ocupar
                    aquel celestial lucero.
                        ¡Cuán mejor gobierno aguarda
                    su casa del que tenía!
                    Que después de Dios, María
                    fue siempre la Buena Guarda.

(Váyase, y entren don Carlos y Ginés, lacayo.)

Don Carlos   Yo lo tengo averiguado;
                    no hay que replicar en esto.

Ginés   ¿Don Juan?

Don Carlos   Don Juan.

Ginés   ¿Quién te ha puesto
                    con don Juan en tal cuidado,
                        que siempre te ha sido amigo?

Don Carlos   No hay amigos cuando es

	sobre este vil interés,
	y este ejemplo es buen testigo.
	Dame que llegue ocasión
	que pique la voluntad;
	que la mayor amistad
	viene a parar en traición.
	Hay hombre que por su gusto,
	en materia de mujer,
	a su padre sabrá hacer
	cualquiera engaño y disgusto.
	Si saber, por dicha, quieres
	quién es tu amigo, y su intento,
	pruébale con mucho tiento
	en dineros y mujeres,
	que allí se pierden los más.
Ginés	Mejor será no proballos,
	que no quiero ocasionallos
	para perdellos jamás.
Don Carlos	Yo sé que me ha hecho tiro
	en esta ocasión don Juan,
	porque, de Elena galán,
	le cuesta más de un suspiro.
	Con siniestra información
	a don Pedro ha persuadido,
	por quien a Elena he perdido,
	mi honor y reputación,
	que pienso que en sangre mía
	ha puesto falta; y si en ella
	la dejo, vendrá a tenella
	toda manchada algún día;
	que de engaños de este modo
	tantos peligros resultan,

que un hábito dificultan,
y se pierde el honor todo.
　¡Cuántos, por mala opinión
que han puesto los enemigos,
son, Ginés, falsos testigos
en más de una información!
　¡Cuántas honras hay quitadas,
cuántas noblezas perdidas
por pasiones no entendidas,
de enemistades pasadas!
　Dios te libre de quedar
una opinión asentada,
que no puede ser lavada
con toda el agua del mar.
　No ha de sucederme ansí,
porque jurara mañana
alguna gente liviana
que esto se dijo de mí.
　Hoy ha de morir don Juan,
y venga lo que viniere.

Ginés　　　　Si quitarle el honor quiere,
aquí estos brazos están,
　que a sesenta mil como él
desharán y harán pedazos.

Don Carlos　Esos brazos o estos brazos
tomarán venganza dél.
　　¿Quién es éste?

Ginés　　　　　　　　　Éste es Carrizo,
el sacristán desta casa,
hombre que por santo pasa,
o trae el nombre postizo.

(Otro Carrizo entre con el traje que traía el que se fue con Félix y Clara.)

        Éste se entra en los zaguanes
a reñir a los que juegan,
y si los naipes le niegan,
finge dos mil ademanes.
  Y para mí, por la pinta,
conoce mejor la suerte
que un tahúr.

Don Carlos	Calla y Advierte.
Ginés	Algunas flores despinta.
Carrizo Fingido	Deo gracias, señor don Carlos.
Don Carlos	¡Oh, hermano!
Carrizo Fingido	Por siempre, diga.
Don Carlos	Por siempre.
Carrizo Fingido	Dios le bendiga. A los dos quiero abrazarlos, y déles el Sumo Bien de sus bienes celestiales.
Ginés	No tiene aquellas señales que en el hermano se ven. Es el mismo y no es el mismo; más modesto y más compuesto trae el hábito y el gesto.

Don Carlos	Calla, que es todo un abismo de pureza y santidad.

Carrizo Fingido	Mi señora la Abadesa,
	 que, como sabe, profesa
	 tanta virtud y humildad,
	   le suplica que se llegue
	   un rato a la portería.

Don Carlos	¿A la noche o por el día?
Carrizo Fingido	No es justo que se lo niegue, que le ha mucho menester.
Don Carlos	¡Jesús! Hermano, aquí estoy. Indigno de verla soy: novedad debe de haber.
Ginés	Doña Clara, ¿no es hermana de Elena?
Don Carlos	¿Agora lo sabes?
Ginés	Estos negocios tan graves, siempre un santo los allana. Ella debe de querer conformaros.
Don Carlos	¡Quiera Dios!
Ginés	Hablad primero los dos, que este mal vayas a hacer.
Don Carlos	Hermano, ¿hay lugar agora?

Carrizo Fingido	¡Pues no! Véngase conmigo.
Ginés	Sepa que le soy amigo.
Carrizo Fingido	Diga, ¿con don Carlos Mora?
Ginés	Sí, hermano.
Carrizo Fingido	¿Qué oficio tiene?
Ginés	Lacayo dicen que soy; pero yo delante voy, que mi amo detrás viene.
Carrizo Fingido	Si sirve a Dios muy de veras, y promete desde luego dejar mujeres y juego, juramentos y quimeras, seremos grandes amigos.
Ginés	Ruégueselo a Dios.
Carrizo Fingido	Sí haré.
Ginés	¡Juego y mujeres!... No sé...
Carrizo Fingido	Son terribles enemigos.

(Váyanse, y entren doña Clara y Félix.)

Félix	En este verde prado, donde compiten tan hermosas fuentes, que su cristal helado,

dividido por lazos diferentes,
la hierba lisonjea,
porque juez apasionado sea;
   aquí, donde las flores
parece que se esfuerzan diligentes
a vencer tus colores,
aunque las desengañan las corrientes,
espejos de sus hojas,
contigo menos blancas, menos rojas,
   puedes, hermosa Clara,
pasar aquesta siesta calurosa,
si no es que el Sol se para
a verte entre estas flores, más hermosa
que Dafne y que Jacinto,
rompiendo aqueste verde laberinto.
   Mira las dulces aves,
cantándote motetes acordados
con los picos suaves;
mira por los vivares los pintados
conejuelos medrosos,
del esparcido plomo sospechosos;
mira en la verde cama
la liebre temerosa, y por la selva
la presurosa gama,
que está esperando que su esposo vuelva,
y por aquesta orilla,
gimiendo en soledad, la tortolilla;
   mira cuán abrazados
están aquestos chopos destas vides,
y que, como casados,
se enredan en los árboles de Alcides.
Mas, pues papel me ofrecen,
libros serán del bien, que me enloquecen.

Doña Clara	Pues ¿qué intentas en ellos, dulce esposo del alma que te adora?
Félix	Fiar mi gloria dellos, porque me vino a la memoria agora lo que escribió Medoro cuando gozó de Angélica el tesoro.

Doña Clara	Detente, no lo escribas,
	 que no es Orlando el que leerlo puede,
	 de quien seguro vivas
	 con el anillo que a la vista excede,
	 sino quien todo es ojos,
	 y se podrá vengar de sus enojos.
	   No donde se escondía
	 Angélica en la India, de su furia
	 segura viviría,
	 si quisiese vengar su injusta injuria,
	 porque hasta el mismo infierno
	 abre su centro a su Juez eterno.
	   Escribe, Félix mío,
	 tus glorias en tu pecho, que dél solo
	 estos secretos fío.

Félix	No pienso que del uno al otro polo hay hombre tan dichoso. ¿Eres mi esposa?
Doña Clara	Y tú mi amor.
Félix	Tu esposo. Aquí te sienta un poco; dormiré en tu regazo.

(Siéntese.)

Doña Clara   Aquí te acuesta.

Félix   ¡Que no se vuelva loco
quien goza un bien une tanto mal le cuesta!

Doña Clara   Para mayor descanso,
ya con las hojas juega el viento manso.

(Un Pastor.)

Pastor   ¿Hay tal desdicha mía,
si yo puedo llamarme desdichado?
Pensaba que tenía
seguro de los lobos mi ganado,
y llevóme la oveja
de más hermosa y cándida␣pelleja.
   Daré silbos mortales,
daré gritos, que atruene monte y selva
por entre estos jarales:
tanto deseo que a su pasto vuelva.
¡Hola, pastores míos!
¿Habéis visto mi oveja entre estos ríos?
   Montes altos, cubiertos
de antiguos robles y robustas hayas,
de mis ovejas puertos
cuando se escapan de mis blancas playas,
¿habéis visto una oveja,
que, por ir con el lobo, el pastor deja?
   ¿Qué digo? ¡Hola, vaqueros!
¡Hala! ¡Aho! Montañeses cabrerizos,
celosos ganaderos,
cubiertos con espinas, como erizos,

	¿habéis mi oveja visto?
Doña Clara	Parece que el pastor imita a Cristo.
	Despertaré mi esposo...
	Mas él duerme cansado, no es bien hecho.
	¡Hola! Pastor celoso,
	que por tu oveja se te abrasa el pecho,
	parece que tu queja
	se imprime en mí, con no ser yo tu oveja.
	¿Qué buscas afligido?
Pastor	Una ovejuela pobre desmandada,
	que ha poco que se ha ido,
	de la voz de los lobos engañada.
	¿Habéisla acaso visto?
Doña Clara	¡Tiemblo como si viera al mismo Cristo!
Pastor	Lindas señas tenía:
	toda era blanca, aunque en la frente sola
	una mancha tenía;
	mas no hay lirio en el prado ni amapola
	en trigo, ni aun estrella,
	que se pudiese comparar con ella.
	Yo le puse una esquila
	en un collar de más valor que el oro;
	silbé, llaméla y dila
	sal en mis manos por mayor decoro;
	que aun por ella entre espinas
	andar juzgan mis pies por clavellinas.
	Hice yo mi cabaña
	de tres palos, por ella, en ese monte
	para que a la montaña
	no se vaya perdida, y se remonte

	de mi sabroso pasto,
	en compañía de un cordero casto.
	Mas no sirvió de nada
	ni amalla ni querella ni servilla;
	que cuando más guardaba,
	se me fue con los lobos de la villa,
	Dios sabe cómo vengo,
	la sed, el ansia y el calor que tengo.
Doña Clara	Pastor, que tan celoso
	vienes buscando tu querida oveja,
	mira ese soto umbroso;
	que si la sed con la calor la aqueja,
	al agua vendrá luego.
Pastor	No hará, porque ya tiene muerto el fuego.
Doña Clara	Yo, pastor, a lo menos
	no la he visto pasar por este prado.
Pastor	Teniendo vos tan llenos
	los ojos del marido regalado
	que tenéis en los brazos,
	haciendo al cuello suyo tantos lazos,
	no lo habréis advertido.
	Quedad con Dios.

(Váyase.)

Doña Clara	¡Qué hermoso y lindo talle!
	¡Con qué galán vestido
	andan los ganaderos deste valle!

(Despierte Félix.)

Félix	Clara, ¿con quién hablabas?
Doña Clara	Con un pastor, mientras durmiendo estabas.
Félix	¿Qué buscaba?
Doña Clara	Una oveja; que te moviera a lástima la suya, pues que por ella deja todo el ganado, solo porque arguya el amor que la tiene.
Félix	Quien tiene amor, con tales ansias viene.
Doña Clara	Sudaba, de cansado, por un rostro que a un rey honor le diera. Echado en el cayado miraba selvas, montes y riberas, a ver si parecía, y a silbos la campaña estremecía. Una honda de seda de tres lazos, que en uno remataban, porque llamarla pueda, se pendía del cinto, que adornaban un pasador y hebilla labrados por extraña maravilla. Las abarcas de pieles, asidas con lazadas encarnadas, a guisa de claveles entre azucenas blancas deshojadas, puestas me parecieron en los pies, que este prado florecieron.

Félix	Sin duda que soñabas.
Doña Clara	Yo así lo creo, y todo ha sido un sueño.
Félix	Como acaso pensabas en los amores de tu nuevo dueño, soñabas hermosura, y el alma fue el pincel de la pintura.

(Carrizo entre de soldadete, con espada y plumas.)

Carrizo	¿Habemos hoy de acabar de dormir y de partir?
Félix	Si al partir daña el dormir, ya le comienza a dejar. ¿Has dado bien de comer a esas bestias?

Carrizo	A esas bestias,
	que sufren nuestras molestias,
	les di a comer y a beber.
	  He comprado dos capones,
	que pueden servir a pavos
	los remates de los cabos,
	con un par de perdigones.
	  Éstos van en el arzón.

Félix	Dios te haga bien.
Carrizo	Cada día la bucólica me fía, y tú verás que no son las de Virgilio tan buenas,

	aunque por lisonja estén
con aquellos versos bien
Galo, Títiro y Mecenas.
Pero falta lo mejor.
Doña Clara	¿Cómo?
Carrizo	Todo es cosa vil
adonde falta un pernil;
que escribe cierto dotor
que, tomado por jarabe
cada mañana, es la cosa
más cordial y más sabrosa
que de Hipócrates se sabe.
Yo estoy muy bien con él
por una cosa.
Félix	¿Y será?
Carrizo	La diferencia que va
del agua, Félix, a él.
El agua, para ser buena,
ni color, sabor ni olor
ha de tener. ¡Qué rigor!
Solo nombrarla da pena.
Y el tocino, en competencia,
tiene, para ser mejor,
buen color, sabor y olor.
¿Cuál es mejor diferencia?
Color, lo magro que exceda
la grana, sabor que llame
al vino, olor que derrame
ámbar que vencerle pueda.
Todas estas condiciones

                    confortan y recuperan
                    la vida, más que pudieran
                    boticas ni confecciones.
                       Tome un poeta al aurora
                    dos tragos sanmartiniegos,
                    con dos bocados manchegos
                    desto que Mahoma ignora
                       (Belcebú le lleve presto
                    a Argel o a Constantinopla),
                    y podrá de copla en copla
                    henchir de versos un cesto.
                       Beba agua, aunque sea endibia,
                    con azúcar o rosado
                    o blanco; y, el día pasado,
                    hará una copla tan tibia,
                       que parezca que ha salido
                    por boca de cantimplora.

Doña Clara   Notable vienes agora.

Carrizo   Alegre traigo el sentido.

Félix   ¿Adónde habemos de ir?

Carrizo   Vamos a la gran Toledo;
                    que en nombrándola, no puedo
                    ni tengo más que decir.
                       Gente noble, entendimientos
                    raros, damas siempre hermosas.

Doña Clara   ¡Qué cosas tan enfadosas!

Carrizo   ¿Celos?

Doña Clara	No.
Carrizo	¿Qué?
Doña Clara	Pensamientos.
Carrizo	Digo que no vamos ya; y si buscas gente fea, pasémonos a Guinea, que no habrá celos allá, porque en Mandinga y en Zape nunca han entrado los celos, si no es que quieran los cielos que dellos nadie se escape. ¡Pardiez, vamos a Sevilla!
Félix	¡Oh, qué famosa ciudad!
Carrizo	Y de mayor libertad que las que tiene Castilla, porque la gran confusión de grandeza y forasteros, de naves y de extranjeros, causa de tenerla son. Es bellísima en extremo.
Doña Clara	Apresta, y vamos allá, aunque en toda España habrá el mismo temor que temo.
Carrizo	A Valencia puedes ir, que es un Jardín en la tierra.
Félix	Notable grandeza encierra;

| | mas no podremos vivir
               sin que quién somos se entienda. |

Carrizo   Pues vamos a Barcelona,
               ciudad que la mar corona
               por su mas querida prenda;
                y podéis por Vinarrós
               pasar a Italia, o por ella.

Doña Clara   Todo el amor lo atropella:
               muramos juntos los dos.
                    Vamos a cualquier lugar.

Félix   Hacia Toledo camina...
               o Valencia, si imagina
               Clara que la han de buscar.

Carrizo   Las mulas están a punto
               y la cena.

Félix   Pues ¿qué esperas?

Carrizo   Que partas, y que tú quieras.

Doña Clara   Por el lugar te pregunto.

Carrizo   Habrá dos leguas no más.

Doña Clara   Pues pica.

Carrizo   ¡Lindo camino,
               adonde pernil y vino
               no pueden faltar jamás!

Félix	¿No vas contenta, mi amor?
Doña Clara	¿Pues no?
Carrizo	Caminemos presto.
Doña Clara	Algún cuidado me ha puesto lo que me dijo el pastor.

(Váyanse. Entren el ángel, ya en figura de doña Clara y don Carlos.)

Ángel	Yo os prometo hacer mi diligencia y persuadir mi padre a vuestro gusto; mas la palabra habéis de darme luego de no poner las manos ni la espada en ese caballero.
Don Carlos	¿Quién o cómo os ha dicho, señora, que quería castigar a don Juan de aqueste agravio?
Ángel	Basta que yo lo sepa.
Don Carlos	Mal he dicho en preguntaros cómo lo supistes; que vuestra santidad es tan notoria en toda la ciudad, que solo un hombre tan malo como yo fuera ignorante y peregrino de virtud tan rara, y cómo lo sabéis os preguntara.
Ángel	Carlos, no, quiere Dios que los agravios venguen los agraviados; y así, dice que no busquéis venganza, en el Levítico,

ni os acordéis de la pasada injuria:
suya la llama en el Deuteronomio.
Judit dice que esperen los humildes;
David le ruega a Dios que se levante,
y que le vengue de sus enemigos.
Que no se olvida, dicen los Proverbios,
y que es Dios de venganza, en quien es justo
que espere el hombre libertad y honra.
El que pidiere a Dios de quien le ofende
satisfacción, nos dice el Eclesiástico
que la hallará sin duda, y a Idumea
promete Dios por Israel castigo,
por quererse vengar de su enemigo.
   Tres veces llama a Dios Nahum, profeta,
vengador, y aun el mismo Señor dice,
por San Mateo, que volváis el rostro
a quien os diere en él, y a los romanos
y hebreos Pablo escribe estos consejos.
Diego y Pedro nos muestran esto mismo,
y de las almas de los justos dice
Juan en su Apocalipsi que pidiendo
están a Dios venganza de su sangre.
Pedilda, pues, a Dios, señor don Carlos,
y a mí dejadme el cargo de abonaros,
si hoy me viere mi padre, como pienso,
aunque siempre me ve mi Padre inmenso.

Don Carlos   Clara, más clara y pura que el Sol claro;
Clara, que las estrellas oscureces,
no solo con oírte y con mirarte,
piedad infundes en mi duro pecho,
pero me obligas que a tus pies echado,
pida perdón de mi pasado intento
a Dios y a ti, por quien sus voces siento.

	Verdad es que matar a don Juan quise;
	mas ya, si quieres que perdón le pida,
	haré lo mismo que contigo hago.

Ángel   No, que será advertirle, pues no sabe
la ofensa que intentabas a su vida.
Yo te prometo de cobrar tu honra,
aunque ninguna en esto aventuraste,
y de pedirle que te vuelva a Elena,
como al principio fue su pensamiento,
para que llegue a efecto el casamiento.

Don Carlos   Señora, con mirarte estoy de suerte,
que ya no solo quiero que le pidas
me vuelva lo que tanto he deseado;
pero si quieres que de aquí me vaya
a Salamanca, y que con un pobre hábito
me ponga en un recluso monasterio,
lo haré sin detenerme: tales rayos
me da solo mirarte.

Ángel   Cuando fuera
de Dios la vocación, yo me alegrara.
Agora trata de tomar estado,
que mi hermana te quiere, a lo que pienso,
y en fin es sacramento el matrimonio,
en que podéis vivir como Tobías
vivió con Sara tan alegres días.
     Guárdate, si se hiciere este concierto,
de llegar, como aquellos desdichados
y lascivos mancebos que a las manos
murieron del demonio; sino ofrece
a Dios humilde tu oración, y pide
que sea aquella junta solo a efecto

	de su servicio.
Don Carlos	Si por ángel, Clara, te llevo en el camino de mi intento, ¡oh, qué honesto será mi pensamiento! Sé tú mi Rafael, ve tú conmigo.
Ángel	Vete con Dios, que Dios irá contigo.
(Váyase don Carlos.)	¡Oh, soberana piedad, qué de cosas que te deben los hombres, y no los mueven a agradecida humildad! ¡Cuánto sufre, cuánto aguarda, pues por quien le despreció, hace que su Madre y yo sirvamos de buena guarda! ¡Cuán altos son tus secretos, sin que se entienda a qué fin! ¿Qué abrasado serafín penetrará tus conceptos?
(La Portera.)	
Portera	Haga vuestra caridad que llamen al Mayordomo.
Ángel	También su defensa tomo. No está agora en la ciudad, que es ido a cierta cobranza. Mejor diré perdición.
Portera	Pues he pensado que son dineros de una libranza.

Ángel	¿Libranza? Yo los daré.
	¡Ay, Dios! ¡Si la suya fuera,
	y Félix libre se viera
	del pecado en que se ve!
Portera	Cien ducados se han de dar
	también para la madera
	del cuarto nuevo.
Ángel	¡Ah, sí! Espera,
	que no les han de faltar.
Portera	¿Para qué en esta ocasión
	el Mayordomo enviaste,
	que no hay leña que se gaste,
	y se ha acabado el carbón?
Ángel	Todo se ha de proveer;
	Félix ocupado está;
	si hay alguna falta acá,
	decid lo que es menester.
Portera	Hay una y muchas.
Ángel	Pues yo
	acudiré a todas luego.
Portera	Que hables al hombre, te ruego,
	que el monumento pintó.
Ángel	Pues ¿cómo no le han pagado?
Portera	Por faltar Félix de aquí.

Ángel	Ahora bien, pídanme a mí, pues Félix anda ocupado. A Vísperas han tañido.
Portera	Después dellas es costumbre, si no te da pesadumbre (que para ti no lo ha sido), barrer tal día como hoy el coro y claustro de afuera, la abadesa la primera.
Ángel	La menor de todas soy; apercíbeme una escoba.
Portera	¡Qué humildad! ¡Qué perfección! Por cierto que el corazón, a cuantos la tratan, roba.
Ángel	Pues ténmela apercibida.
Portera	Yo lo haré. ¡Qué alegre parte! de unos días a esta parte está en ángel convertida.

(Váyanse, y entren Félix y Carrizo.)

Félix	Y ¿duerme Clara?
Carrizo	Vestida, sobre la cama está echada. ¿De qué suspiras? ¿Qué tienes? Responde. ¿Enmudeces? Habla.
Félix	No sé qué tengo, Carrizo;

	vete, no me digas nada,
	que no quieren mis tristezas
	que nadie sepa la causa.

Carrizo   ¡Tú secreto para mí!

Félix   Si he de decir verdad clara,
           Clara me ofende, Carrizo;
           Clara me enfada y me cansa.

Carrizo   ¡Clara, más bella que el día!

Félix   Pues en las cosas humanas,
           ¿piensas tú que están los bienes
           seguros de sus mudanzas?
           Con la furia que la amé,
           ha caído en mi desgracia,
           y ella lo va conociendo;
           que ya se lo dice el alma.

Carrizo   ¿Por qué?

Félix   Yo te lo diré.

Carrizo   En lo público no hay falta;
           si las tiene en lo secreto...

Félix   Oye, que es otra la causa:
           desnudándose una noche,
           le vi encima de la faja
           un habitillo pequeño.
           Preguntéle por qué andaba
           con esas reliquias ya,
           y díjome: «¿Qué te espanta?

Que como el primero Esposo,
me dio, Félix, estas armas,
y nunca el amor primero
de todo punto se acaba,
ansí estimo aquestas prendas,
porque éstas son las del alma,
como las tuyas del cuerpo».
En diciendo estas palabras,
temblé como si estuviera
donde el azogue se saca.
Dormí mal aquella noche,
imaginando la espada
de Cristo sobre mi cuello,
del adulterio en venganza.
Fuíme a la iglesia otro día,
que aun no era bien de mañana,
y quitándole el sombrero
a un crucifijo que estaba
sobre los arcos del claustro,
le vi volver las espaldas,
de suerte que los dos clavos
que tenía por las palmas,
quedaron por lo de encima
las dos cabezas sacadas.
Miré abajo, y vi hacia mí
de los pies vueltas las plantas,
donde los clavos también
las cabezas remataban.
Erízaseme el cabello
de imaginar tales ansias
como entonces recibí.
Yo pienso que si tomaran
cada cabello, pudieran
pasar con él una tapia.

	No me atreví a hablar, Carrizo, ni a oír misa.
Carrizo	¡Cosa extraña! Muriéndome estoy de miedo.
Félix	A Clara he escrito, esta carta, aunque breve de razones, de pesadumbres bien larga.
Carrizo	Pues ¿dónde te quieres ir?
Félix	Pienso dar la vuelta a Italia con el dinero que queda. Llama, amigo, al huésped, llama.
Carrizo	Él viene, no te apasiones.
(Un Huésped.)	
Félix	Huésped, yo traía hurtada esa señora, que ahora mi esposa y mujer llamaba. El temor de la justicia, de su presencia me aparta con este mozo también, que fue cómplice en sacarla. Decilde que adiós se quede, y daréisle aquesta carta, que no hay derecho en la fuerza, ni en las desdichas palabra.
Huésped	Mucho me pesa, señor, que de esa suerte se vaya;

	háblela, por Dios, primero.
Félix	No hay que tratar, esto basta; no me puedo detener. Ven, Carrizo.
Carrizo	¿A dónde?
Félix	A Italia.
Carrizo	Vamos a romper el mundo, ya segura la garganta; que esto de sacar la lengua y andar por sogas tan altas, es burla de volatines: ellos esas vueltas hagan.

(Váyanse Félix y Carrizo.)

Huésped	¡Ah, señora! ¡Ah, mi señora!

(Doña Clara.)

Doña Clara	¡Jesús! ¿Qué es esto? ¿Quién llama?
Huésped	El huésped.
Doña Clara	¿Qué quiere el huésped?
Huésped	Que recibáis esta carta. De aquel gentilhombre que ayer os trujo a mi casa; y porque es de poco gusto, y lágrimas no me agradan

                        donde no he de ser remedio,
                        sola os quedad a llorarlas.

(Váyase el huésped.)

Doña Clara
(Abra y lee.)   «Clara, yo sé que nos siguen
                        y que ya toma venganza
                        tu Esposo, del adulterio
                        que habemos hecho en su casa.
                        Yo te dejo, y voy tan triste...»
                        No más, letras desdichadas.
                        ¿Ésta es la fe de los hombres?
                        ¡En viento y palabras pagan!

Doña Clara   ¿De quién?
                        ¡Ay, miserable de mí,
                        perdida y en tierra extraña,
                        sola, sin Félix!... ¿Qué digo?
                        Sin Félix no fuera nada;
                        mejor dijera sin Dios,
                        a quien he vuelto la cara,
                        y sin mi querido Esposo,
                        a quien rompí la palabra.
                        ¿Qué menos me prometían
                        tan malas obras, que paran
                        siempre en tan míseros fines?
                        Cansóse, que todo cansa.
                        ¡Oh, gustos del mundo loco,
                        flores hermosas al alba,
                        marchitas al mediodía,
                        y a la noche derribadas!
                        Gigantes, imaginados,
                        son los deleites, que pasan

como sueño, y quien los goza,
muy diferentes los halla.
Recelos desto tenía.
Engañóme la esperanza:
púsela en un hombre vil,
baja sangre, oscura casta;
pero quitéla de Dios:
¿A dónde en el mundo hallara
en quien segura estuviera?
¿Qué haré? Toda estoy turbada.
Ya tiemblo mi airado Esposo,
y no sé por dónde vaya
a buscarle, aunque jamás
cerró sus puertas al alma
que le llamase contrita.
Mas ¿cómo alzaré la cara
que le negó tan vilmente?
Afuera desconfianza,
que yo no ofendí marido
de la tierra, que se baña
espada y mano en la sangre
de quien la fe le quebranta.
A Dios ofendí. Pues, Dios,
si a nadie cierras tus llagas,
a ti voy; piadoso eres,
yo sé, Esposo, que me aguardas.
¿Esposo dije? ¡Ay de mí!
Adúltera soy. Desata,
corazón, estas dos fuentes,
y a la Reina de la gracia
toma por madrina, y dile...
Pero no le digas nada
hasta confesar tus culpas,
pues conoces que son tantas.

Fin de la segunda jornada

Jornada tercera

(Carrizo y Félix.)

Carrizo   Mil veces oí en Castilla
que en el Coll de Balaguer
había bien que temer,
ya porque es del mar la orilla,
   y moros de Argel, piratas,
entre calas y recodos,
donde después salen todos,
tienen ocultas fragatas;
   ya porque en él, por pasiones,
nunca faltan bandoleros.

Félix   Quien lleva pocos dineros,
cantar suele entre ladrones,
   como lo dijo un poeta.
¿Qué tenemos que temer,
pues que nos faltaba ayer?

Carrizo   Y el moro, ¿no te inquieta,
   que hace los cuerpos dinero,
cuando en Biserta los vende,
o en Trípoli?

Félix   Nunca me ofende
el moro ni el bandolero
   tanto como yo a mí mismo,
imaginando que estoy
en España.

Carrizo   Triste voy,
que soy alma de tu abismo.

Félix   Años ha, Carrizo hermano,
que de España a Italia fuimos,
donde hasta agora estuvimos
sirviendo y viviendo en vano,
    pues no merecemos vida,
aunque con seguridad,
pues que por nuestra maldad
fue la muerte merecida.
    La patria o la perdición
nos lleva a Ciudad-Rodrigo,
y yo pienso que al castigo.

Carrizo   Secretos del cielo son.
    Mil veces el delincuente,
sin entender quién le lleva,
quiere que vaya y se atreva
a poner entre la gente
    donde comete el delito.
Tal puede ser que los dos
vamos, queriéndolo Dios.

Félix   A su piedad lo remito.
    Si un largo arrepentimiento,
si una tierna contrición
hallan la puerta al perdón,
luz de mi remedio siento.
    La penitencia no ha sido
tal como debiera ser.

Carrizo   ¿Tanto ha habido que comer?
¿Tan bien habemos dormido?
    ¿Qué regalo en tantos años
por nuestros cuerpos pasó?

Félix	Harto trabajo nos dio
el tiempo en reinos extraños;
   que si se ofreciera a Dios,
de satisfacción sirviera,
aunque pequeña, y corriera
por la cuenta de los dos.

Carrizo	¡Válame Dios! ¿Qué habrá sido
de doña Clara?

Félix	 No sé:
no poco tormento fue
su memoria en mi sentido.
   Mil veces me vi de suerte,
que quise volver por ella,
aunque de volver a vella
me resultara la muerte.
   Fácil cosa fue dejalla;
vivir sin ella no fue
tan fácil, porque pensé
morir volviendo a buscalla.
   Poco tuvo de nobleza
el dejalla, en lo exterior,
pues la engañé con amor
y la dejé con bajeza.
   Pero como yo temí
al Esposo que ofendía,
busqué su vida y la mía,
y al fin huyendo vencí.
   Errar es de hombre mortal,
y más en esto que ves;
pero de demonio es
perseverar en el mal.

Carrizo   Al fin volvimos a España,
                   como ya desconocidos
                   en rostro, barba y vestidos,
                   si el tiempo no nos engaña.
                       Ya salimos de la mar
                   y entramos en Barcelona,
                   donde no hallamos persona
                   que nos pudiese juzgar
                       menos que por extranjeros:
                   lo mismo será en Madrid,
                   Toledo y Valladolid.

(Cuatro bandoleros con sus pistolas y capas, de la montaña.)

Bandolero I   Pongan luego los dineros
                       sobre esa piedra, soldados.

Félix   ¡Mal encuentro!

Carrizo   Dile azar
                   si ellos no le quieren dar,
                   serán hidalgos honrados,
                       porque no llevamos niente.

Bandolero II   Los vestidos se desnuden
                   antes que de ahí se muden,
                   o disparo.

Félix   Espera.

Carrizo   Tente.
(Váyanse
desnudando.)   Ofrezco al diablo artificio,

	que con apretar la mano, derriba al hombre más sano hasta el día del juicio.
Félix	Trabajos me han sucedido, mas nunca en éste me vi.
Bandolero III	¿No acaban ya?
Félix	Señor, sí.
Carrizo	Parece que dio el vestido, según le manda quitar; pues no le cosía el sastre pensando en este desastre, que él diera priesa a hilvanar. Tomen, y vayan con Dios.
Bandolero I	¿De dónde son?
Carrizo	¡Lindo aviso! ¿No lo ve? Del Paraíso, aunque no estamos los dos en estado de inocencia.
Bandolero II	Y ¿adónde van?
Carrizo	A acostar, porque tras el desnudar, no queda otra diligencia.
Bandolero II	Por parecer gente honrada...
Carrizo	Honrada su vida sea.

Bandolero II   De cierta vieja librea,
 de unos pobres desechada,
  si quieren, los vestiremos.

Carrizo   Eso es dar ropa y oficio,
 que hay mil que piden de vicio,
 y de vicio pediremos.

Bandolero II   Caminen.

Félix   ¡Qué triste vida!

Carrizo   Mas te debes alegrar,
 que ya no puede faltar,
 por lo menos la comida.

(Váyanse, y entre Liseno, viejo villano y Cosme, su hijo.)

Liseno   El tiempo de ingerir, Cosme, a propósito,
 ha de ser en creciente de la Luna,
 día sereno y claro; mas la rama
 ten cuenta que sea nueva; por lo menos
 que no pase de un año. En tierras cálidas,
 por mayo es la sazón; pero en las frías,
 por junio y julio.

Cosme   Estoy tan inquieto,
 que le escucho sin gusto y por respeto.

Liseno   Cuando vieres que suda la corteza
 y despide la yema, pon el ramo
 al pecho o sobre la rodilla, y corta,
 haciendo dos rayitas, como escudo,

	que por eso se llama de escudete.
	Ve por un lado alzando la corteza,
	y entre el dedo pulgar y el otro cógela,
	y sácala el meollo y aderézala,
	y en tanto que previenes otro corte,
	ponla en la boca.
Cosme	Poco estoy atento.
	La huerta me perdone y los enjertos,
	que no se ingieren bien vivos y muertos.
Liseno	Donde la has de asentar no tenga raja,
	que despide mejor estando lisa.
	Corta luego al través cuanto es la yema,
	y vela desviando por la parte
	de arriba, hasta quedar el corte justo.
Cosme	Padre, yo escucho con bellaco gusto.
	Dejaos de enjertos de escudete agora,
	de mesa, pie de cabra o cañutillo,
	coronilla, barreno o calabaza,
	y tratad de engerirme en casamiento,
	porque solo no puedo llevar fruto.
	Poned en esto el pensamiento, padre;
	que la huerta ya tiene plantas y árboles.
	Las plantas duran tres y cuatro años,
	los árboles a treinta y a sesenta,
	y árboles hay que pasan de cien años,
	llevando, como veis, sabroso fruto.
	A no ser vos enjerto con mi madre,
	Cosme no fuera fruto vuestro, padre.
Liseno	¡Maldito seas, que aún apenas tienes
	treinta años, y ya tratas de casarte!

	Y tú, ¿serás, por dicha, para eso?

Cosme   Aún hay en el lugar algún testigo;
demás, que no será el peligro vuestro.

Liseno   Muchas aldeas tiene y caserías
la ribera del Tajo; en ellas viven
labradoras hermosas; yo te ofrezco
poner los ojos en alguna a intento
de ingerirte con ella en casamiento.

Cosme   No, padre, no; que ya sé yo la moza
que el ánima me pudre y me retoza.

Liseno   ¿Quién, Cosme?

Cosme   Juana, aquesta moza nuestra.

Liseno   ¡Pues! ¡Juana! ¿Una mujer que habrá tres años
que aquí vino perdida? ¿Estabas loco
cuando te dio tan deshonroso intento?

Cosme   ¡Pardiez, padre! Vos sois un mentecato
si infamáis la limpieza de su trato.
   Vive como una santa, recogida
en oración perpetua y en ayunos;
métese en esas peñas, que coronan
las márgenes del Tajo, y dase en ellas
tantos azotes, que sus carnes bellas
las hacen jaspes con la sangre viva;
y ¡llamáisla perdida y fugitiva!

Liseno   Pues cuando sea tal como tú dices,
¿estaráte a propósito que tengas

	una mujer tan penitente en casa?
Cosme	¡Qué mal sabéis el fuego que me abrasa! No sé lo que me traigo, que al oído me andan diciendo, cuando está en el campo, que la fuerce, la ruegue y solicite, la penitencia y la oración la quite.
Liseno	Ella es hermosa, y no eres, Cosme, solo el que pretende desviar a Juana de aquellos recogidos pensamientos; que el señor de la huerta por momentos la viene a ver y a molestarla tanto, que crece su dolor y aumenta el llanto. Mas pues que Juana, Cosme, es a tu gusto, y tiene las costumbres que tú sabes, ¿qué mejor dote? Yo la haré mi hija.
Cosme	El cielo aumente, padre, vuestros años.
Liseno	Sufre hasta el fin los amorosos daños.
(Váyase Liseno.)	

Cosme	Esto que traigo en el pecho
	no es posible que es amor,
	porque parece un ardor
	de muchos infiernos hecho:
	   A mí me incita y me mueve
	tan vivo desasosiego,
	que es nieve, y me abrasa en fuego,
	y es fuego, y me hiela en nieve.
	   Si como, me está llevando,
	¡oh, Juana!, tu perfección

            toda la imaginación,
            y estoy comiendo y pensando.
               Si duermo, despierto luego
            con tu nombre, de tal modo,
            que me parece que todo
            es un infierno de fuego.
               Ésta es la orilla del río;
            en él quisiera arrojarme,
            si pensara que templarme
            pudiera el tormento mío.
               ¡Oh! Hela allí. Corazón,
            no tembléis de un ángel ya.

(Clara, de labradora.)

Doña Clara   ¿Cuándo, Señor, llegará
                de mi pecado el perdón?
                   ¿Cuándo, Jesús de mi vida,
                me dirá vuestra piedad,
                pues le costó mi maldad
                toda la sangre y la vida:
                   «Mujer, perdonada estás»?
                Pero ¿cómo podrá ser
                que esto pueda merecer
                la que no os sirvió jamás,
                   la que siempre os ofendió,
                la adúltera del Esposo
                más honrado y más hermoso
                que el cielo a la tierra dio?
                   Pero tengo confianza
                en esa sangre, Señor,
                que aunque es roja en el color,
                es verde por la esperanza.
                   ¡Jesús mío, yo pequé!

                    ¡Terrible fue mi pecado!
                    Vos sabéis lo que he llorado
                    en esta esperanza y fe.
                        Díceme aquel enemigo
                    que no me ha de aprovechar,
                    y que vos me habéis de dar,
                    como a adúltera, castigo;
                        mas yo le digo, Señor,
                    que nunca vos despreciáis
                    corazón en quien halláis
                    este contrito dolor.
                        ¡Ay, piadosa Virgen bella!
                    ¿Qué fuera de mí sin vos?
                    ¿Por dónde llegara a Dios,
                    por tal mar, sin tal estrella?
                        ¡Ay, cielos! ¿Quién está aquí?

Cosme   Cosme soy; ¿de qué te alteras?
                No son mis manos tan fieras,
                que te defiendas de mí.
                    ¿Cuál oso viste bajar
                de los montes de Toledo,
                que te ha causado tal miedo?
                Pero debes de pensar
                    que vengo a hurtar la colmena
                de la miel de tu hermosura.

Doña Clara   Así Dios te dé ventura,
                y a mí, Cosme, me haga buena,
                    que me hagas un placer.

Cosme   Mándame, Juana, y verás
                que en mandarlo tardas más
                que yo lo tardo en hacer.

Doña Clara   Que vuelvas a nuestra quinta
                      por un libro que olvidé.

Cosme   Si voy, ¿dónde te hallaré?

Doña Clara   En esta alfombra que pinta
                      de tantas flores el Tajo.

Cosme   ¿Está en tu aposento?

Doña Clara   Sí.

Cosme   Pues yo vuelvo luego aquí,
                      porque vuelo, y sé el atajo.
                      No te vayas, desdén mío.

(Váyase Cosme.)

Doña Clara   Divino vencedor, de amor vencido,
                      con túnica de sangre y con diadema,
                      donde escribió la Majestad suprema
                      el nombre que vos solo habéis leído;
                         Cordero asado en cruz, el pecho herido,
                      para que exhale el fuego en que se quema,
                      en cuya herida amor con hostia y nema
                      firmó la carta al hombre redimido;
                         ¡quién se alistara, capitán benigno,
                      debajo desa cruz, bandera santa,
                      imperio que en sus hombros se enarbola!
                         Cordero de Sión, si fuera digno
                      mi pecho de ofreceros la garganta,
                      yo os siguiera con palma y con estola.

(Grita de música y baile, damas y galanes, y un mozo con un tabaque de merienda.)

Músicos	Lavaréme en el Tajo, muerta de risa, que el arena en los dedos me hace cosquillas.
Dama I	Pon la merienda en el prado, que él nos servirá de mesa.
Doña Clara	¡Lo que el demonio atraviesa por despertar mi pecado!
Galán I	¡Hermosa estás como un oro!
Dama II	Y tú, galán como un Sol.
Galán I	¿Hay tan dichoso español?
Doña Clara	Alma, mientras cantan, lloro.
Músicos	Que no quiero bonetes, que soy muy boba, y en andando con picos, me pico toda.
Doña Clara	Todas invenciones son del demonio, que despierta mis deleites.
Dama I	¿No es la huerta de mayor recreación?

Galán II   Yo me quiero desnudar.

Galán I   Y yo, que hace gran calor.

Galán II   En aquel chopo es mejor.

Dama I   ¿Huélgaste de ver nadar?

Dama II   ¿Eso dudas?

Dama I   Pues allí
                 podréis pasar la merienda.

Galán I   Mil primores, dulce prenda,
                 haré en el agua por ti.

Músicos   Si te echares al agua,
                 bien de mis ojos,
                 llévame en tus brazos;
                 nademos todos.

(Éntrense todos.)

Doña Clara   ¡Qué de cosas representa,
                 para ponerme en cuidado,
                 a mi deleite pasado
                 quien mi perdición intenta!
                    Pues, cuerpo, ya conocéis
                 los castigos que lleváis.

(Dos gentileshombres entren.)

Gentilhombre I   Mirad, Guzmán, que sudáis,
                 y que a peligro os ponéis.

	Enjugaos, que tiempo habrá.
Gentilhombre II	¡Oh, qué graciosa aldeana con veinte ovejas?
Gentilhombre I	Serrana, ¿dónde menos hondo está?
Doña Clara	No nadéis si no sabéis.
Gentilhombre II	En verdad que yo nadara adonde mejor templara...
Doña Clara	De espacio, no os acerquéis. Id en buen hora a nadar.
Gentilhombre I	¡Lindo brazo!
Gentilhombre II	Y ¡qué rollizo!
Doña Clara	Esto el demonio lo hizo, que no me quiere dejar.
Gentilhombre II	Daréle para corales, si a los labios me los trueca.
Gentilhombre I	Oiga, no sea tan seca.
Doña Clara	Si son hombres principales, ¿no ven que es mucha bajeza tratar mal una mujer?
Gentilhombre II	Peñasco debes de ser, aunque un ángel en belleza.

| | Pues guárdanos los vestidos
entre tanto que nadamos,
porque desnudos pensamos
despertarte los sentidos. |
|---|---|
| Doña Clara | Esas palabras no son
de gente desta ciudad. |
| Gentilhombre II | ¡Qué notable honestidad! |
| Gentilhombre I | ¡Quedo, que tiene razón!
   Dejalda, que aún tengo miedo
de una mujer virtuosa. |
| Gentilhombre II | No la he visto más hermosa
en la Sagra de Toledo. |

(Váyanse los dos.)

| Doña Clara | No pienses, fiero enemigo,
volverme al mundo jamás;
que esto que a mis ojos das,
te pienso dar en castigo.
   Así el alma se desagua
cuando va de culpas llena. |
|---|---|

(Dentro, como que nadan.)

| Galán I | ¡San Juan y la Magdalena!
Un baño parece el agua. |
|---|---|
| Doña Clara | Ojos, ya no hay qué mirar;
mirad solamente al cielo,
que en aquel hermoso velo |

    hay mucho que contemplar.
      Dejad las cosas, mis ojos,
del mundo, pues tales son,
que han sido mi perdición
y el blanco de mis enojos.
      Pensad en lo que perdí
cuando mi Esposo dejé.
¡Ay, Señor!¿Cuándo osaré
volver mis ojos a ti?
      Dulcísima vida mía,
¿cómo dejé tus regalos?
¿Cómo por otros tan malos
olvidé tu compañía?
      ¿Cómo te quebré la fe?
¿Cómo el anillo rompí
que me diste y que te di
cuando tu mano toqué?
      ¡Llorad, ojos, no os canséis!
Y ¡ojalá pluguiera a Dios
fuérades mil como dos,
porque dos poco podréis!
      ¿Dónde estás, Esposo mío?
¡Oh, qué enojado estarás!
¡Ay, Dios! ¿Si recibirás
los suspiros que te envío?
      Señor, que en piedad excedes
mis culpas, dame tu luz;
clavado estás en la cruz;
no te me irás, que no puedes.

(El Pastor.)

Pastor   Verdes riberas amenas,
                   frescos y floridos valles,

aguas puras, cristalinas,
altos montes, de quien nacen,
guiadme por vuestras sendas
y permitidme que halle
esta prenda que perdí
y me cuesta amor tan grande.
Ya de pisar las espinas
llevo teñidas en sangre
las abarcas, y las manos
rotas de apartar jarales.
De dormir sobre el arena
de aquella desierta margen,
traigo enhetrado el cabello;
y cuando el aurora sale,
mojado con el rocío
que por mi cabeza esparcen
las nubes que del Sol huyen,
humedeciendo los aires.
¡Ay, Dios, qué cansado estoy!
¿Qué cayado habrá que baste
para sufrir este peso?

Doña Clara Cielo santo, declaradme
si es este pastor aquel
que vi en el Tormes, la tarde
que en mi regazo dormía
Félix al pie de unos sauces.
¡Ah, pastor! ¡Ah, ganadero,
que Dios muchos años guarde!
Paréceme que otra vez
te he visto yo en otros valles,
porque es tanta tu hermosura,
que años y trabajos tales
no han borrado en mi memoria

| | esas más que humanas partes.
¿Vives agora estos montes?
¿Guardas ganado? ¿Qué haces
en las orillas del Tajo? |
|---|---|
| Pastor | Serrana, lo mismo que antes.
¿No te acuerdas que buscaba
por prados, por arenales,
por sierras, por altos montes
una oveja aquella tarde?
Pues la misma busco agora;
que tan perdido me trae,
que no volveré sin ella
a los ojos de mi Padre;
aunque siempre estoy en ellos
por la merced que me hace,
por el amor que me tiene,
y porque somos iguales. |
| Doña Clara | Pastor gallardo y hermoso,
¿por qué te cansas en balde?
Que tanto amor no merece
cosa que tan poco vale.
¿Para qué perdido vienes,
pues aunque peñas ablandes
con silbos, no la enterneces?
Que son bien claras señales
que vino a manos del lobo. |
| Pastor | Sí vino; que el lobo infame
persigue ovejas que estimo,
porque presume vengarse
de un golpe que cierta vez
le di en un monte una tarde, |

| | aunque por darle con fuerza
no me costó poca sangre.
Mordióla, no la comió. |
|---|---|
| Doña Clara | ¿Es posible que la llames
tanto tiempo, y que no venga? |
| Pastor | No se atreve, aunque bien sabe
que estoy los brazos abiertos
siempre que ella me buscare;
porque yo no soy pastor
como algunos arrogantes
que vengan los adulterios
que las ovejas les hacen.
Si ellas lloran y les pesa
(que no ay cosa más suave
para mí, que ver llorar,
porque el corazón me parten),
luego les doy sal, y algunas
con esta sal tales salen,
que no hay carne más sabrosa
en la mesa de mi Padre. |
| (Váyase.) | |
| Doña Clara | No te vayas. Oye, espera.
¿Sueño o velo? ¿Si me hacen
estas burlas mis deseos?
Mas iay, burlas celestiales!
Ora pasen a mis ojos,
ora en mis sentidos, pasen,
avisos me ha dado el cielo
para que su gracia alcance.
Ir quiero animosamente, |

en este villano traje,
desde aquí a Ciudad-Rodrigo.
Quizá este pastor es ángel,
y me anima a dar la vuelta
donde penitente acabe
esta miserable vida.
Ángel, si lo sois, guiadme.

(Váyase, y entren el ángel, en el hábito de doña Clara, y don Pedro.)

Don Pedro   Por ti casé mi hija con don Carlos,
porque a no ser por ti, no se la diera,
a mis deudos cansado de escucharlos.
   No digo que es tu hermana la primera
¡oh, Clara! que ha vivido mal casada;
pero que yo su bien y paz quisiera.
   Ni digo yo de ti que estás culpada:
yo sé cuán bueno en esto fue tu intento;
pero sé que es Elena desdichada.

Ángel   Pues ¿qué tiene don Carlos?

Don Pedro   Descontento;
que no quieras más mal para un casado,
aunque no sabes tú de casamiento.

Ángel   Yo vivo con mi Esposo regalado
en otro matrimonio diferente.

Don Pedro   ¡Dichosa quien escoge tal estado!
   Dos años ha que vive como ausente,
que mujeres y juego le distraen:
tras esto, celos bien injustos siente.

Ángel   Cosas son que los años verdes traen.
                 Querrá Dios que don Carlos caiga en ello;
                 que muchos se levantan aunque caen.
                     Envíamele acá.

Don Pedro   Si puedo hacello,
                 que teme tu virtud, porque los malos
                 huyen la luz.

Ángel   La vida es un cabello.
                     Yo no sé quién estima sus regalos,
                 si de tan débil cosa está pendiente.

Don Pedro   Rinde la mocedad el fruto a palos.
                     Yo voy a hacer que venga.

(Váyase don Pedro.)

Ángel   ¡Oh, Clara, ausente
                 de tu casa legítima y tu Esposo!
                 Aunque es verdad que tengo a Dios presente,
                     y ejercito un oficio tan honroso,
                 deseo tu remedio y que ya vengas;
                 que puesto que en la tierra estoy glorioso,
                 mi gloria aumentaré cuando la tengas.

(Entre un platero.)

Platero   Como licencia me diste,
                 en la portería entré.

Ángel   Hoy a llamarte envié,
                 que en cuidado me pusiste.
                     La custodia... ¿está acabada?

Platero	Y con el mayor decoro de primor que alcanza el oro..., digo, la plata dorada.
Ángel	Bien has hecho, que ha de ser casa del Señor del cielo, que en el compás de aquel velo se quiere en cifra poner. Aunque tan grande, está allí como en la cruz y en el cielo.
Platero	Aunque te agradó el modelo, con el arte le vencí.
Ángel	¡Dichoso tú, que fabricas casa a Dios!
Don Pedro	Tú más dichosa, que tan santa y virtuosa le alabas y glorificas. ¡Dichosa tú, que mereces lo que al indigno se priva, pues eres custodia viva del mismo Dios tantas veces!
Ángel	Dios sabe, amigo, quién soy: deja a Dios toda alabanza.
Platero	Dame dinero o libranza que pueda cobrarse hoy; que me matan oficiales.
Ángel	Hoy tendrás todo el dinero.

(Don Carlos entre, y Ginés.)

Don Carlos Digo que esperar no quiero,
y que entraré, pues no sales.

Ángel ¿Qué es esto?

Don Carlos En el oratorio
te esperaba, y me cansé.

Ángel Reñirte quiero.

Don Carlos ¿Por qué?

Ángel Porque es tan claro y notorio
cómo tratas a mi hermana,
y porque dice enojado
mi padre, que causa he dado
a cosa tan inhumana.
   Tú, Carlos, ¿eres aquel
que tan humilde decías
que a doña Elena serías
humilde, honesto y fiel?
   ¿Tú quien juraba sacar
mentiroso a tu enemigo,
y no hay en Ciudad-Rodrigo
quien no te venga a culpar
   de ingrato a tanta hermosura,
y de atrevido a tu honor?

Don Carlos El divino resplandor,
llama de la lumbre pura
   que sale de aquesa cara,

	Clara, me obliga a respeto; que si no, yo te prometo que no le tuviera, Clara. Elena, celosa, ha dado causa a hablar mal de mi honor.
Ángel	Yo lo sé todo mejor, y en lo que andas ocupado, qué papeles escribiste a quien sabes, y qué cosas, con palabras amorosas, en su reja le dijiste. Sé lo que habéis concertado, y sé...
Don Carlos	Detente, por Dios, que lo que pasa entre dos, Dios te lo habrá revelado. ¡Oh, Clara, cuya virtud me avergüenza! En esos pies pido perdón.
Ángel	Esto es, Carlos, buscar tu quietud. No des a Elena ocasión, ni a mi padre estos enojos.
Don Carlos	Tendréla sobre mis ojos y la pediré perdón.

(La Hortelana entre.)

Hortelana	Acude presto, sóror Clara, que sóror Magdalena en este punto,

	paseando la margen del estanque, cayó en sus aguas y se ha hundido en ellas.
Ángel	Dame licencia, Carlos.
Don Carlos	¡Qué desdicha!
Hortelana	Presto, señora, que se está anegando.
Ángel	La Buena Guarda la estará guardando.
(Váyanse los dos.)	
Don Carlos	¿Qué sientes desta santa?
Ginés	Que la tiene en gran veneración la ciudad toda, y que se cuentan della cosas raras.
Don Carlos	¿No ves cómo entendió mi pensamiento? ¿No ves cómo ha sabido los amores que trataba en secreto con doña Ana?
Ginés	Ella es un serafín en forma humana.
Don Carlos	Yo pienso desde hoy más tenerla miedo, y enmendar mis locuras.
Ginés	Todo es burla, sino dormir, segura la conciencia.
Don Carlos	¿Quién no envidia, Ginés, un hombre justo, sabiendo que es la vida tan incierta, y que es la muerte tan forzosa y cierta?

(La Hortelana entre.)

Hortelana   Para que no te vayas sin que sepas
                   un milagro tan raro, y seas testigo,
                   así como llegó Clara al estanque,
                   entró por él, y sin mojarse el hábito,
                   asió de un brazo a sóror Magdalena,
                   y la sacó a la orilla viva y sana:
                   dilo a su padre y a su amada hermana.

(Váyase.)

Don Carlos   ¿Qué te parece?

Ginés   Sin sentido quedo.

Don Carlos   Y yo confuso entre esperanza y miedo.

(Doña Clara entre en hábito de labradora.)

Doña Clara   Si tan grande atrevimiento
                   ha sido de Dios guiado,
                   debe de ser mi pecado
                   que quiere dar escarmiento,
                      y anda a buscar su castigo;
                   pues no solamente entré
                   en este traje, y a pie
                   y sola en Ciudad-Rodrigo,
                      pero hasta la misma puerta
                   de la casa que dejé
                   cuando a mi alma cerré
                   la que vio del cielo abierta.
                      Gente hay en la portería.

¡Ay, mi casa regalada!
¡Ay, soberana posada,
donde mi Esposo tenía!
　¡Ay, Virgen divina, a quien
encomendé aquel ganado
que dejé por mi pecado!
¿Habéisle guardado bien?
　¿Quién lo duda, si de Dios
cuanto queréis alcanzáis?

Ginés　　　　　　Pues, hermana, ¿a quién buscáis?

Doña Clara　　　　No os busco, señor, a vos.

Ginés　　　　　　　¡Qué bonita labradora!

Don Carlos　　　　¡Hermosa, por vida mía!

Doña Clara　　　　Saber, señores, querría
quien es abadesa agora
　deste santo monasterio,
porque la quisiera hablar.
¡Ay, Dios! ¿Quien ha de contar
tal deshonra y vituperio?

Don Carlos　　　　　La que es abadesa aquí
es doña Clara de Lara.

Doña Clara　　　　¡Doña Clara!

Don Carlos　　　　　　　　Sí, y más clara
　que el Sol.

Doña Clara　　　　　　¿Burláisos de mí?

                        Pues ¿no ha tres años que es muerta?

Don Carlos   ¡Muerta! Debéis de estar loca.

Doña Clara   ¿Si éste me conoce, y toca
                    algo de mi historia incierta?

Don Carlos   Doña Clara es una santa;
                    vive en este santo templo,
                    dando a todo el mundo ejemplo,
                    que sus alabanzas canta.
                        Agora acaba de hacer
                    un milagro.

Doña Clara   ¿Qué es aquesto?

Ginés   Vamos a decirlo presto.

(Váyanse don Carlos y Ginés.)

Doña Clara   ¿Quién será aquesta mujer?
                        Yo, ¿no soy Clara? ¡Ay de mí!
                    Pues ¿cómo aquí vive Clara?
                    Y más que dijo de Lara,
                    que también me llamo ansí.
                        Temblando estoy. ¿Qué será?

(El Ángel entre.)

Ángel   Clara, no te turbes; mira
                    que de tu Esposo la ira
                    se viene templando ya.

Doña Clara   ¿Sois, señora, la Abadesa?

        que tengo mucho que hablaros,
y solamente en miraros,
parece que el miedo cesa.
    Dícenme que os llamáis Clara;
y aunque Clara en luz tan pura,
oíd una Clara oscura,
que a vuestra luz se declara.
    Yo soy...

Ángel   No me digas más:
ya sé quién eres.

Doña Clara   Ya sé
que eres santa; escuchamé.

Ángel   Clara, en tu convento estás.
    Entra, y en tu celda propia,
el hábito que dejaste
cuando a tu Esposo negaste
(de tu voto hazaña impropia),
    toma del mismo lugar;
que en el tuyo quedé yo
cuando Félix te engañó.

Doña Clara   Los pies te quiero besar.
    ¿Quién eres, señor?

Ángel   No digas
a nadie lo que ha pasado,
sino en confesión. Yo he estado
sufriendo tantas fatigas
    como me ha dado el servir
el gobierno tantos años:
recupera aquellos daños

          de tu pasado vivir
            con debida penitencia,
          porque te vuelva tu Esposo
          a su pecho generoso,
          después desta larga ausencia.

Doña Clara   Di, ¿quién eres? Oye, aguarda.

Ángel   Basta que sepas agora
          que sirvo a cierta señora.

Doña Clara   Dime el nombre.

Ángel   Buena Guarda.

Doña Clara   Animosa quiero entrar,
          siguiéndole.

Ángel   Venir puedes.

Doña Clara   Esposo, ¡tantas merecedes!...

Ángel   Ya se lo puedes llamar.

(Éntranse. Carrizo y Félix, de pobres.)

Carrizo   ¿Que nadie nos conoce? ¡Extraña cosa!

Félix   No venimos nosotros para menos.

Carrizo   Todo sucede mal a quien ingrato
          corresponde a tan altos beneficios
          como de Dios recibe.

Félix	Éste es el templo adonde yo fui indigno mayordomo.
Carrizo	¡Qué miedo, Félix, de mirarle temo!
Félix	Yo pienso que los cielos me han traído para que agora pague mi pecado.
Carrizo	Y yo, ¿mondaré nísperos? Mas, dime, ¿cómo podrás cobrar, sin declararte, la hacienda por que vienes? Que es, sin duda, que tú y Clara, faltando un mismo día, han de pensar que tú su París fuiste, y pienso que los dos seremos Troya; que nos han de abrasar en vivo fuego, si viene algún juez que estudie en griego.

(Entre el fingido Carrizo.)

Félix	Éste es, sin duda, el sacristán que agora tienen aquestas monjas: llega y háblale.
Carrizo	Deo gracias. ¡Qué temor me sobreviene!
Carrizo Fingido	Por siempre. ¿Para qué a esta puerta viene? Vaya a la de la iglesia.
Carrizo	Diga, hermano, ¿quién es el sacristán que agora sirve este convento?
Carrizo Fingido	Yo, ¿no me conoce? Pero debe de ser extraño.

Carrizo	Extraño de todo bien, y propio de mi daño.
Carrizo Fingido	Seis años ha que en esta casa vivo.
Carrizo	¿Seis años? Mire, hermano, que se engaña, que agora tres estaba aquí Carrizo.
Carrizo Fingido	Pues Carrizo es el mismo que está agora.
Carrizo	¡Carrizo!
Carrizo Fingido	Sí, que ese es mi propio nombre.
Carrizo	¿Él se llama Carrizo?
Carrizo Fingido	Así me llamo.
Carrizo	¿Oyes aquésto?
Félix	Atento estoy a todo.
Carrizo	¿Que él es Carrizo? ¿Cómo de qué modo?
Carrizo Fingido	Porque Juan de Carrizo fue mi padre, y mi madre Luisa de Montalbo, cristianos viejos.
Carrizo	Esos lo eran míos.
Carrizo Fingido	Tuve una hermana murió pequeña, y otra casada en Salamanca.
Carrizo	¡Cielos,

	que perderé el juicio!
Félix	Aguarda un poco, que hay más secreto en esto o estoy loco. Diga, señor, ¿quién es el mayordomo destas señoras?
Carrizo Fingido	Es Esteban Félix.
Félix	¡Esteban Félix!
Carrizo Fingido	Sí, muy buen hidalgo, y no de poca hacienda.
Félix	¡Santo cielo! Pues ¿no ha tres años ya que es muerto ese hombre?
Carrizo Fingido	¡Muerto! Agora le vi con la Abadesa.
Félix	Y ¿quién es la Abadesa?
Carrizo Fingido	Doña Clara.
Félix	¿Doña Clara de Lara?
Carrizo Fingido	Sí, la propia.
Félix	Carrizo, o es espíritu diabólico este mancebo, o celestial y angélico, porque hombre de la tierra es imposible.
Carrizo Fingido	Digan, señores, ¿mandanme otra cosa?

Félix	Que os guarde Dios.

(Retírase el Carrizo Fingido.)

Carrizo	¿Si somos los que fuimos?
Félix	¿Si me he mudado yo?
Carrizo	Tórnome loco.
Félix	Procuremos hablar a la Abadesa, y sabremos qué es esto.
Carrizo	Mi pecado, en otro el ser que soy ha transformado.

(Éntrense, y salga doña Clara, ya en su primer hábito, y don Pedro, su padre.)

Don Pedro	Bien tengo que agradecerte, Clara. ¡Venturoso el día que para la vejez mía fabriqué muro tan fuerte! Carlos me pidió perdón.
Doña Clara	Pues ¿quién señor padre, es Carlos? A todos tiemblo de hablaros, porque no sé la ocasión.
Don Pedro	Como estás tan embebida en Dios, aún de tu cuñado, que a tu hermana has restaurado, por momentos se te olvida.
Doña Clara	¡Ah, sí! Carlos, el marido

	de...
Don Pedro	De tu hermana.
Doña Clara	Es ansí.
Don Pedro	Casástele tú, y a mí me sacaste de sentido, y al cabo ya de tres años, ¿preguntas de quién lo es? En fin, se puso a mis pies y confesó sus engaños.
Doña Clara	Sin duda que éste es marido de Elena, y reñido habrán. Ellos amigos se harán, todo se pondrá en olvido.
Don Pedro	Don Carlos así lo dice; y yo, Clara, que es razón, te debo su conversión.
Doña Clara	Señor, lo que pude hice: Éste debía de ser mozo travieso sin duda.

(La portera y el platero.)

Platero	Dice que a firmarla acuda, que agora lo puede hacer.
Portera	Firme vuestra caridad esta cédula a Lamberto.

Doña Clara	¿Cómo?
Portera	Que vive, es lo cierto, Clara, en otra claridad. ¿No le conoces?
Doña Clara	¿Quién es?
Portera	El platero.
Doña Clara	Pues ¿qué quiere?
Portera	La firma, porque no espere.
Doña Clara	¿La firma? Vuelva después.
Platero	Si la custodia he traído, y prometiste el dinero, ¿qué he de hacer?
Doña Clara	A este platero, este dinero han debido por la custodia que ha hecho. Mostrad, que quiero firmar.
Don Pedro	Todo, amigos, es pensar en cosas de más provecho.
Portera	Que escribas al Almirante te ha pedido doña Inés.
Doña Clara	¿Sobre qué?
Portera	¡Harto bueno es

	en caso tan importante,
	y estando tu primo preso!
Doña Clara	¿A dónde?
Portera	En Madrid lo está.
Doña Clara	¡Ah, sí! Bien me acuerdo ya,
	aunque no bien, del suceso.
Portera	La muerte de don Luis.
Doña Clara	Sí, sí.
Don Pedro	Toda está en el cielo.
Portera	Pues vámonos, que recelo
	que a fuerte ocasión venís.

(Váyanse todos.)

Doña Clara	En extraña confusión
	el alma tengo ocupada;
	que mal los puede entender
	quien ha tres años que falta.
	Esos ¡ay, cielo! ha tenido
	tan buena guarda esta casa,
	que para mi confusión
	todas son buenas y santas.
	¡Qué diferente gobierno
	es el que agora se halla!
	¡Qué olor del cielo que tienen
	cuantas me miran y hablan!
	Y aunque no sé responder

          a las cosas de que tratan,
          ellas me dan la disculpa:
          dicen que estoy elevada.
          Pues yo haré, mi dulce Esposo,
          por estarlo en vos, con ansias
          tan amorosas y dulces,
          que allá se me quede el alma.

(Félix y Carrizo.)

Félix   Temblando llego, y es justo.

Carrizo   Parece que es doña Clara.

Félix   Transformada está en el cielo.

Carrizo   Pienso que el alma le falta.

Félix   Mírala bien.

Carrizo   Ella es;
          que desta manera estaba
          cuando salimos de aquí.
          Mas ¿si fue alguna fantasma
          la que llevaste a Toledo?

Félix   Sí, porque dicen que es santa
          y hace milagros; y aquí,
          ¿cómo o por adónde entrara
          si la hubiéramos llevado?

Carrizo   Ya vuelve en sí.

Félix   ¡Cosa extraña!

Doña Clara	¿Quién está aquí?
Félix	¿No conoces a Félix? ¿De qué te espantas?
Doña Clara	¿No quieres que en verte tiemble, de mis desventuras causa?
Carrizo	Y ¿a Carrizo no conoce?
Félix	Señora, ¿cómo te hallas en tu hábito, en tu honor, en tu virtud y en tu casa?
Doña Clara	Cuando salí del convento, y me viste que lloraba, dije con tiernos suspiros a aquella imagen sagrada que, ya que yo me perdía, sirviera de buena guarda a las que dejaba aquí; y la Reina soberana, en mi lugar y en el vuestro, las puso tal, que bastaban para gobernar mil mundos. Éstas, supliendo la falta que los tres habemos hecho, han vuelto por nuestra fama. Dejásteme, y yo, perdida, aunque para Dios ganada, hice dura penitencia, mas pequeña a culpas tantas. Vine, y con la guarda hablé,

| | que en la confesión me manda
solo decir el suceso,
y a las partes que le tratan,
que sois los dos, a quien ruego
por las piadosas entrañas
de Dios, que hagáis penitencia. |
|---------|---|
| Félix | Dame aquesas manos santas,
y tu bendición con ellas,
que sin entrar en mi casa,
iré a confesar mis culpas,
y a que en una jerga parda
se envuelva este triste cuerpo. |
| Carrizo | Quien para mal te acompaña,
para el bien lo hará mejor. |
| Félix | Aquí, para ejemplo, acaba,
como verdadera historia,
Senado, La Buena Guarda. |

Fin de la comedia

Libros a la carta

A la carta es un servicio especializado para
empresas,
librerías,
bibliotecas,
editoriales
y centros de enseñanza;
y permite confeccionar libros que, por su formato y concepción, sirven a los propósitos más específicos de estas instituciones.

Las empresas nos encargan ediciones personalizadas para marketing editorial o para regalos institucionales. Y los interesados solicitan, a título personal, ediciones antiguas, o no disponibles en el mercado; y las acompañan con notas y comentarios críticos.

Las ediciones tienen como apoyo un libro de estilo con todo tipo de referencias sobre los criterios de tratamiento tipográfico aplicados a nuestros libros que puede ser consultado en Linkgua-ediciones.com.

Linkgua edita por encargo diferentes versiones de una misma obra con distintos tratamientos ortotipográficos (actualizaciones de carácter divulgativo de un clásico, o versiones estrictamente fieles a la edición original de referencia). Este servicio de ediciones a la carta le permitirá, si usted se dedica a la enseñanza, tener una forma de hacer pública su interpretación de un texto y, sobre una versión digitalizada «base», usted podrá introducir interpretaciones del texto fuente. Es un tópico que los profesores denuncien en clase los desmanes de una edición, o vayan comentando errores de interpretación de un texto y esta es una solución útil a esa necesidad del mundo académico.

Asimismo publicamos de manera sistemática, en un mismo catálogo, tesis doctorales y actas de congresos académicos, que son distribuidas a través de nuestra Web.

El servicio de «libros a la carta» funciona de dos formas.

1. Tenemos un fondo de libros digitalizados que usted puede personalizar en tiradas de al menos cinco ejemplares. Estas personalizaciones pueden ser de todo tipo: añadir notas de clase para uso de un grupo de estudiantes, introducir logos corporativos para uso con fines de marketing empresarial, etc. etc.

2. Buscamos libros descatalogados de otras editoriales y los reeditamos en tiradas cortas a petición de un cliente.

www.ingramcontent.com/pod-product-compliance
Lightning Source LLC
Chambersburg PA
CBHW022118040426
42450CB00006B/748